LES ARDENNES

W0318558

SOMMAIRE

Attention: la carte et le guide ne peuvent être vendus séparément.

D/2013/11529/005
ISBN 978-90-5208-102-1

Head office: Avenue du Château Jaco, 1 - 1410 Waterloo - Belgium
Registered office: Sint-Niklaas and Waterloo
Tel. 03/760 14 60 - www.derouckgeocart.com - carto@derouckgeocart.com

MODE D'EMPLOI

L'index des noms de lieux est à mettre en rapport avec la carte. Les informations touristiques reprises dans ce livret sont rassemblées par ville ou commune, celles-ci étant classées par ordre alphabétique. Pour certains villages, nous renvoyons parfois à la commune concernée (par exemple, Alle-sur-Semois Vresse-sur-Semois). Chaque curiosité touristique est reportée sur la carte grâce à un symbole (voir leur signification en p. 31) et à un numéro d'ordre. Les communes encadrées d'un rectangle noir sur la carte sont détaillées dans le livret (pages informations touristiques de la commune concernée). Les curiosités touristiques de ces communes ne sont donc pas reportées sur la carte, mais bien sur l'agrandissement reproduit dans le livret (vous trouverez alors la mention Centr., celle-ci renvoyant à l'agrandissement concerné).

Les pistes de ski (ski de fond ou ski alpin) sont également rassemblées par ordre alphabétique et dotées d'un numéro d'ordre. Sur la carte, vous les reconnaîtrez grâce à leurs symboles jaunes. Les pages « Naviguer et faire du kayak en Wallonie » vous indiquent où louer un kayak, mais vous renseignent également sur les conditions générales de navigation en Wallonie. Chaque adresse est dotée d'un numéro d'ordre renvoyant à la carte. Vous les reconnaîtrez grâce à leurs symboles bleus. Tentés par des activités plus sportives ? Reportez-vous aux pages « Pour plus d'adrénaline » pour découvrir les adresses des organisateurs proposant ce genre d'activités. Sur la carte, vous les reconnaîtrez grâce à leurs symboles rouges.

NOMS DE LIEU

Au Rosia - E3
Au Saou - I2
Au Spilingues - B7
Au Swâri - E5
Autelbas - M14
Autelhaut - M14
Au Tige - H6
Au Tilleul
(Falmignoul) - E7
Au Tilleul
(Montlebon) - M7
Au Tilleul (Warnant-
Dreye) - H3
Au Trois Pierres - H3
Auvelais - D5
Au Vieux Moulin - D9
Auvillers-Les-Forges
(F) - B11
Au Wayi - K2
Auw bei Prüm (D) - P6
Aux 4 Carrés - D2
Aux Arsis - H5
Aux Avairis - H4
Aux Caves - F2
Aux Cloquettes - D6
Aux Communes
(Barchon) - K2
Aux Communes
(Cheratte) - K2
Aux Cours - L3
Aux Croix - I2
Aux Crucifix - E6
Aux Ecoulées - J6
Aux Fagnoûles - F6
Aux Fontaines - I3
Aux Fraîches Aires - I7
Aux Granges - I3
Aux Grosses Pierres - J2
Aux Houx - I3
Aux Oies - K3
Aux Quatre Bras
(Marilles) - F2
Aux Quatre Fermes - H2
Aux-Quatres-Bras
(Nandrin) - I4
Aux Six Frères - E3
Aux Tilleuls - I6
Aux Triches - F3
Aux Trois Saules - H5
Aux Vaselets - H9
Aux Vivîs - E5
Auzèmonts - D3
Ave - G9
Avennes - G3
Avernas-le-Bauduin - G2
Avin - G3
Avioth (F) - I15
Aviscourt - J9
Avister - J3
Awagne - F6
Awan - K4
AWANS - J2
Awenne - I9
Awez - K6
Awirs - I3
Aye - H7
Ayeneux - K3
AYWAILLE - K4
Aywières - B2
Azèbois - B4
Azi - H13

B

Baâlon (F) - H16
Bach - M1
Baclain - M7
Baconfoy - J9
BAELEN - M2
Bagimont - E12
Bahnhof Üttfeld (D) - P8
Baileu - B7
Baileux - B9
Bailièvre - A9
Baillamont - G11
Baillonville - I6
Baisy-Thy - B3
Balaives-et-Butz (F) - D13
Balan (F) - F13
Balâtre - D4
Balmoral - M4
Bambois - D5
Bamisch - M1
Ban d'Alle - F12
Bande - I8
Baneux - L6
Banneux - L3
Banoyard - L4
Banzelt (L) - P13
Banzenhof (D) - O8
Baranzy - K15
Baraque (Eghezée) - E3
Baraque Fraiture - L7
Baraque Michel - N4
Barbaise (F) - C14
Barbençon - A7
Barbion - F7
Barchon - K2
Barisart - M4
Barnich - M14
Baronhé - M4
Baronville - F8
Barrière de
Champlon - J9
Barrière de
Petit-Han - I6
Barrière Descartes - B8
Barrière Luc - C7
Barrière Marcel - A8
Barse - H4
Bârsy - G5
Barvaux - J6
Barvaux-Condroz - H6
Bârzin - G9
Bas (L) - M15
Basbellain (Nieder-
besslingen) (L) - N8
Bas-Bonlez - D2
Bas Champs (F) - B11
BASCHARAGE (L) - M15
Baschleiden (L) - L11
Bascoup - A4
Bas Dohan - G12
Bas du Village - A9
Bas-Oha - H4
Bas Rivage - M5
Basse Arche - G5
Basse-Bodeux - L6
Basse Bouhaye - L3
Basse Desnié - L4
Basse Fontaine - E5
Basse Fraipont - K3
Basse-Hermalle - K1
Basse Heuval - C3
Basse Laloux - C3
Basse Monchenoûle - K6
Basse Nimelette - B10
Basse-Parthe (F) - O16
Basse-Ransbèche - B2
Basse-Rentgen (F) - O16
Basse Wavre - D1
Basse Winée - F3
Bassine - I5
BASTENDORF (L) - O11
BASTOGNE - L10
Bas Vinâve - H3
Batavia - E2
Bati (Fosses-la-Ville) - D5
Bati (Bois-de-Villers) - E5
Bati des Foulons - E5
Batsheers - H1
Battefer - B7
Battegnée - A6
Battice - L2
Battincourt - L14
Bauce - E5
Bauche - F6
Baudecet - D3
Baudoû - B4
Baudrihaye - L3
Baugné - N5
Baugnée - J4
Bauler (D) - O10
Baulers - A3
Baustert (D) - Q10
Baustertgraben (D) - Q10
Bavigne (L) - M11
Bawgnée - G3
Bawtia - E3
Baya - H4
Bayemont - B5
Bayermont - D2
Bayet - F4
Bazeilles (F) - F13
Bazeilles-sur-Ohain (F) -
J15
Baziles - L2
Beauchamp (Chimay) -
A9
Beauchamp (Monceau-
en-Ardenne) - F11
Beaufays (Marchin) - H4
Beaufays (
Chaudfontaine) - K3
BEAUFORT (L) - P11
Beaulieu (Huppaye) - E2
Beaulieu (Erneuville) - K8
Beaulieu (F) - A11
Beaulieusart - A5
Beaumarche - E5
BEAUMONT - A7
Beaumont (Stavelot) -M5
Beaumont (Lasne) - C2
BEAURAING - F8
Beauregard
(Morlanwelz) - A5
Beauregard (Tilff) - J3
Beauregard (F) - E14
Beaurieu (Court-Saint-
Etienne) - C2
Beaurieu (Oupeye) - K1
Beausaint - J8
Beau Sart - B5
Beau Sejour - B1
Beauséjour (F) - D13
Beau Site - J3
Beau Vallon - E4
Bébange - L14
Becco - L4
BECH (L) - P12
Bèche - M7
Bech-Kleinmacher - P12
BECKERICH (L) - M13
Béemont - I5
Beez - F4
Beffe - J7
Beforterhead (L) - P11
Bèfve - L2
Bêgnée - B6
Behe - I4
Behême - K12
Behlenhof (L) - P13
Beho - N7
Beidweiler (L) - P13
Beiler (L) - N8
Bel Air (Waimes) - O5
Bel-Air (Dion) - E8
Bel Air (F) - B11
Bel Air (L) - Q12
Belgrade - E4
Bellaire (Beyne-
Heusaye) - K2

Bois Noël - B5
Bois Plante - G3
Bois Renard - L4
Bois Renaud - B4
Bois Seigneur-Isaac - A2
Boler (F) - P16
Bôlette - G3
Bôlia - D5
Bolinne - F3
Bolinpont - M3
Bolland - L2
BOLLENDORF (D) - P11
Bollendorf-Pont (L) -P11
Bolzée - J2
Bomal - E2
Bomal-sur-Ourthe - J5
Bombatsch (L) - N9
Bombaye - L1
Bomelette - E2
Bômerée - B6
Bommert (D) - O9
Bon Air (Beaumont) -A7
Bon Air (Lodelinsart) - B5
Bon Air (Wangenies) -C4
Bonance - I11
Boncelles - J3
Bon Conseil - A3
Bon Dieu de Pitié - C4
Boneffe - F3
Bongert (D) - P7
Boninne - F4
Bonlez - D2
Bonnal (L) - M11
Bonne - H5
Bonne Espérance - D6
Bonnert - L13
Bonnerue (Mabompré) - L8
Bonnerue (Moircy) - J10
Bonneville - G4
Bonnevoie (L) - O14
Bonri - J4
Bon Secours (F) - E8
Bonsgnée - J4
Bonsin - I5
Bonvoisin - L3
Borchamps - I7
Boreuville - E5
Borgoumont - M5
Borlez - H2
Borlo - H1
Borlon - I5
Bormenville - H5
Born - N6
Born (L) - Q12
Bornival - A3
Born-Min (L) - Q12
Bôrou - I3
Borset - H3
Borsu - I5
Borzée - K7
Bosfagne - O4
Bosquet - D5
Bosseret - H6
Bosseval-et-Briancourt (F) - E13
Bossière (Mettet) - D6
Bossière (Gembloux) - D4
Bossimé - F5
Bosson - K5
Bossus-les-Rumigny (F) - A12
Botassart - G12
Bothey - D4
Boucats - H10
Bouchenies - A5
Boudler (L) - P13
Boudlerbach (L) - P13
Bouffioulx - C5
Bouge - E4
Bougnimont - J10
Bougnoux - L2
Bouillon (Gerpinnes) - C6
BOUILLON - G12
Bouillon (F) - D11
Bouillon (Havelange) - H5
BOULAIDE (L) - L11
BOULZICOURT (F) - D13
Bouny - K3
Bour - G11
Bour (L) - N13
Bourcy - L9
Bourdon - I7
Bourg - E5
Bourgeois - C2
Bourg-Fidele (F) - C11
Bourglinster (L) - O13
Bourgogne - I4
Bourlers - A9
BOURSCHEID (L) - N11
Bourscheid-Moulin (L) - N11
Boursdorf (L) - Q12
Bourseigne-Neuve - E9
Bourseigne-Vieille - E9
BOUS (L) - P15
Boûsalle - G4
Boussire - N5
Boussu-en-Fagne - B9
Boussu-lez-Walcourt - B7
Bousval - C3
Boutai - C7
Boutancourt (F) - E13
Bout d'En Haut - A10
Bout de Rotheux - J4
Bout du Walestru - B9
Bouteille - L3
Boutonville - B9
Bouvignes-sur-Meuse - E7
Bouxhmont - L2
Bouxthay - K2
Bovenistier - H2
Boverie - G9
Bovesse - E4
Bovigny - M7
Boxhorn (L) - N9
Boyou - K1
Bôze - K2
Bra - L6
Bracht - O7
Brachtenbach (L) - M9
Braibant - G6
BRAINE-L'ALLEUD - A2
BRAINE-LE-CHATEAU - A2
BRAIVES - G3
Brameschhaff (L) - N14
Branchon - F3
Brand - O5
Brand (D) - O2
Brandenberg (D) - Q1
Brandenbourg (L) - O11
Brandenhövel - N1
Brandscheid (D) - P7
Bras (Libramont-Chevigny) - I10
Brâs (Wardin) - L10
Brattert (L) - M11
Braumont (F) - K16
Braunlauf - N7
Braux (F) - D11
Brecht (D) - Q10
Bréhain-la-Cour (F) - M16
Bréhain-la-Ville (F) - M16
Breidfeld (L) - N8
Breidweiler (L) - P12
Breinert (L) - P13
Breinertknupp (L) - P13
Breistroff-la-Grande (F) - P16
Breitfeld - O7
Bresse - L13
Bressoux - K2
Breuvanne - J13
Breux (F) - I14
Brévilly (F) - G14
Briâhan - G12
Brialmont - K3
Brichebo - F4
Bricherhaff (L) - P15
Bridel (L) - N14
Brimingen (D) - P10
Brionsart - G5
Brique d'Or - A4
Briquemont - G8
Briscol - K6
Brisy - M8
Brivioûle - G3
Brochamps - E7
Brocsou - D2
Broderbour (L) - O11
Brognon (F) - A11
Broich (D) - N1
Brombais - E2
Brongeshaff (L) - O12
Bronsfeld (D) - Q4
Brosiushaff (L) - N12
Brouch (Bech) (L) - P13
Brouch (Saeul) (L) - N13
Brouennes (F) - H15
Brouwère - E3
Brucherhaff (L) - O11
Brucherheck (L) - O12
Brückberg - O4
Brühl - M15
Brühlborn (D) - Q7
Brul - K10
Brûlée - A6
Brûly - C10
Brûly-de-Pesche - B10
Brumagne - F4
Brume - M5
Brunehaut - B4
Brun Fayi - A7
Bruyère (Bonneville) - F4
Bruyère (Clermont) - M2
Bruyère à la Croix - B2
Bruyère-du-Sart - C3
Bruyère-Madame - B3
Bruyère Polvée - A5
Bruyères (Herve) - L3
Bruyères (Waimes) - N5
Bruyère St-Job - D2
Brye - C4
Büchel - N6
Buchet (D) - P7
Buchholz - P5
Buchholz (L) - Q13
Buchholzerhaff (L) - P15
Buck - G3
Budersberg (L) - N15
Buderscheid (L) - M10
Buisson - K8
Buisson d'Epines - D6
Buisson des Cailloux - C2
Buisson Marot - A9
Buisson St-Guibert - D3
Buissonville - H7
Buizingen - A1
BÜLLINGEN - P5
Bulson (F) - F14
Bûr - C4
Burange (L) - O15
Burden (L) - N11
BURDINNE - G3
Bure (Micheroux) - K2
Bure (Tellin) - H9
Buré la Forge (F) - K15
Buré la Ville (F) - K15

C

D

H

I

J

Le Châtelet-sur-Sormonne (F) - C12
Le Chaufour (Spy) - D4
Le Chaufour (Marche-en-Famenne) - I7
Le Chêmia - E4
Le Chêne (Thuin) - A6
Le Chêne (Achêne) - G7
Le Chêneau - B6
Le Chenet - I9
Le Chèneu - F7
Le Chenoi (Ramillies) - E2
Le Chenoi (Waterloo) - B2
Le Chenu - A3
Le Cherbois - B5
Le Chès'lon - D5
Le Cheval Blanc (F) - C11
Le Congo (Ochamps) - H11
Le Congo (Manage) - A4
Le Corbeau (Châtelet) - B5
Le Corbeau (Eghezée) - E3
Le Coteau (F) - G13
Le Coucou - B5
Le Couroi - G12
Le Croiseau - A3
Le Culot (Presgaux) - B9
Le Culot (Châtelet) - C5
Le Culot (Bertrix) - H11
Le Culot (Villers-la-Ville) - C3
Le Culot (Wavre) - C1
Le Dancourt (F) - F13
Le Dauphin - A3
Le Differend (F) - A11
Le Docq - C4
Le Douaire - A4
Le Doyère - F3
Leembierg (L) - M12
Leernes - A5
Leers-et-Fosteau - A6
Leesbech (L) - N13
Leeweek - G2
Le Faubourg (Dailly) - B9
Le Faubourg (Châtelet) - C5
Le Faubourg (Bure) - H9
Le Faubourg (Fumay) (F) - D10
Le Faubourg (Donchery) (F) - E13
Le Faubourg (Les Bons Villers) - B4
Le Faubourg (Vance) - K14
Le Faubourg (Waterloo) - B1
Le Fayi (Gilly) - C5
Le Fayi (Hanzinelle) - C6
Le Fayi (Harre) - K6
Le Fayi (Saint-Hubert) - I9
Le Fayî (Sprimont) - K4
Le Fi - K5
Le Fond de l'Epine (F) - E12
Le Fontaine - G6
Le Fonteni - C5
Le Foriet - C5
Le Fosti - C3
Le Fourneau (St-Aubin) - C7
Le Fourneau (Sinsin) - H6
Le Fourneau (F) - A11
Le Freche Tri - F6
Le Fribou - A8
Le Fricot - B5
Le Gau - A7
Le Geai (F) - L16
Le Gibet (Thuin) - A6
Le Gibet (Chimay) - A9
LEGLISE - J12
Le Grand Arbre - C6
Le Grand Arbre - B4
Le Grand Etang (F) - C11
Le Grand Hongreau (F) - C11
Le Grand Jardin - C5
Le Grand Moulin (F) - B11
Le Grand Riaux (F) - A10
Le Grand Riaux-d'en-Haut (F) - A10
Le Gripia - A4
Le Gros Caillou (F) - B11
Le Gué des Bagniaux - B10
Le Gultia - D5
Le Halleu - I4
Le Hameau - F6
Le Hasard - K3
Le Haut Brûly - B10
Le Hautmont - A2
Le Hazoi - E4
Le Hérou - K8
Lehrhaff (L) - M11
Le Hututu (Barbençon) - A7
Le Hututu (Nivelles) - A3
Leidenbach (L) - O12
Leidenborn (D) - O8
Leignon - G7
Leimbach (D) - P9
Leithum (L) - N8
Le Jardinet - B7
Le Laid Trou - C4
Le Laminoir (F) - F13
Lellerhaff (L) - N12
Lellig (L) - Q13
Lellingen (L) - N10
Le Long Pré - B4
Le Lûtia - B4
Le Malpas - E5
Le Many - J3
Le Marache - A5
Le Marais (Les Bons Villers) - B4
Le Marais (Pont-à-Celles) - A4
Le Marteau - E6
Le Mazet (F) - F13
Le Mazi - B5
Le Mazy (F) - E12
Le Mégornot - D4
Le Menil (Amberloup) - J9
Le Menil (Chassepierre) - H13
Le Mesnil - D9
Lemmetrie - K3
Le Moncia - C5
Le Mont (Nalinnes) - B6
Le Mont (Bioul) - E6
Le Mont (Haut-Fays) - G10
Le Mont (Perwez) - E3
Le Mont (Xhoris) - K5
Le Mont del Chîve - A4
Le Mont Hedin (F) - A11
Le Monti - D4
Le Mont-Lieu (F) - C12
Le Moria - B5
Le Mortier - F2
Le Mouligna - A5
Le Moulin (Sachy) (F) - G13
Le Moulin (Avioth) (F) - I15
Le Moulin (Gorcy) (F) - L15
Le Moulin (Sevigny-la-Forêt) (F) - B11
Le Moulin (Landrichamps) (F) - E9
Le Moulin (Saint-Menges) (F) - F13
L'Enclos - K13
L'Encombrie - C4
Lengeler - N8
LENNINGEN (L) - P14
Le Noli - E4
Lensbach (D) - O2
Lens-Saint-Remy - G2
Lens-St-Servais - G2
Lens-sur-Geer - I1
Lenzweiler - N9
Le Pachis - A7
Le Pairoi - E6
Le Paquis (Ville Houd-lémont) (F) - K15
Le Paquis (Sècheval) (F) - D11
Le Paradis (Fontaine L'Evêque) - A5
Le Paradis (Ben-Ahin) - H4
Le Paradis (F) - B11
Le Parc - C6
Le Part (F) - B11
Le Pavé (Tarcienne) - B6
Le Pavillon (Signy-le-Petit) (F) - A11
Le Pavillon (Sapogne-et-Feuchères) (F) - E14
Le Péca - D4
Le Pélerin (Flostoy) - H5
Le Pèlerin (Rixensart) - C2
Le Pèlerin (Seneffe) - A4
Le Péri - D1
Le Péribuchi - H10
Le Périsseau - A9
Le Perou - J2
Le Perruchot (F) - J16
Le Péruwé - A3
Le Petit Chêne - B4
Le Petit Hongreau(F) - C11
Le Petit Moulin (F) - B11
Le Petoy - C5
Le Pètrie - G8
Le Philosophe - B5
Le Piroi (Malonne) - E5
Le Piroi (Autre-Eglise) - F2
Le Planiau - A8
Le Plateau (Mont-Saint-Martin) (F) - L15
Le Plateau (Givet) (F) - E8
Le Point-du-Jour (Wavre) - C2
Le Pont - C4
Le Pont de la Cense (F) - B11
Le Prêle - C5
Le Prieuré - B5
Le Pusse - C2
Le Quinze (F) - I14
Le Ranil - D4
Le Ratentout (F) - L15
Le Ri (Namur) - D4
Le Ri (Wavre) - C1
Lérines - D3
Le Rivage (Cras-Avernas) - G2

M

O

Q

R

S

U

V

W

X

Y

Z

Le Pays des Vallées,
un tourisme autrement...

Je suis en province de Namur que je découvre grâce à un Greeter !
C'est un habitant bénévole pas-sio-nné !
Il me fait partager ses coups de cœur, il m'a montré des points de vue magnifiques, des ruelles pleines de charme... Il me raconte plein d'anecdotes et demain, nous allons dans un resto 100% terroir !
Tu me rejoins ?

Elodie

UNE INITIATIVE DE LA **FÉDÉRATION DU TOURISME DE LA PROVINCE DE NAMUR**

PROVINCE DE NAMUR
LE PAYS DES VALLÉES

Greeters
Namur Namen

www.paysdesvallees.be
+32(0)81/77 67 57

www.greetersnamur.be
+32(0)81/77 57 28

ÉTONNER
Ardenne
ENCHANTER

Riche de son exceptionnel patrimoine naturel préservé, le Luxembourg belge offre à la fois une nature sauvage et un véritable havre de paix.

Pour l'apprécier au mieux, l'Ardenne invite à s'immiscer dans l'univers merveilleux de ses "forêts sans nombre", plateaux et vallées profondes. Laissez ses charmes opérer et sa féerie vous transporter. Respirez la nature à pleins poumons. Découvrez son territoire envoûtant, son vert univers baigné de quiétude. Ressourcez-vous dans ses décors fascinants. Emplissez-vous de sérénité. Faites le plein d'énergie et de forces nouvelles.

Le Week-end des Paysages
le dernier week-end de septembre, découverte thématique du Luxembourg belge

Regards d'Ardenne
Magazine semestriel fait de rencontres, de bons plans balades, toute l'info nature et terroir

www.luxembourg-tourisme.be

Fédération touristique du Luxembourg belge +32 (0)84/411 011

SYMBOLES

HAI	province de Hainaut
LIE	province de Liège
LUX	province de Luxembourg
NAM	province de Namur

Bureau d'information
Abbaye, Cloître
Eglise, Trésors
Château, Ruine
Musée
Jardin d'enfants
Loisirs, Attraction
Piscine de jeu
Parc, Jardin
Parc zoologique, Ferme pour enfants
Parc Safari
Grotte, Antre
Source Thermale
Curiosité
Vieux Métier
Moulin
Monument
Téléphérique
Train touristique
Sport Nautique
Région Naturelle
Ski Alpin
Ski de Fond
Téléski
Location de Matériel
Luge
Scooter de Neige
Snowboard
Quad
Parapente
Course à la Mort
Parcours d'aventure
Kajak

1. AMAY (LIE) - H3

Maison du Tourisme de Hesbaye-Meuse (H3), rue Paix Dieu 1b, 4540 Amay - ☎ 085/21 21 71 - www.tourisme-hesbaye-meuse.be

1.1 *La Collégiale (I3),* place Sainte-Ode, 4540 Amay - ☎ 085/31 44 48
Superbement restaurée en 2001, la collégiale renferme notamment une magnifique châsse, chef-d'oeuvre d'orfèvrerie mosane et un sarcophage mérovingien en pierre.
Ouvert: du mardi au vendredi de 9 à 12h: samedi, dimanche et jours fériés de 15 à 18h
en juillet et août, du mardi au vendredi de 10 à 16h, le samedi de 9 à 18h et le dimanche de 15 à 18h

1.2 *Le Château de Jehay (I3),*
rue du Parc 1, 4540 Amay - ☎ 085/82 44 00
Le château de Jehay, ancienne demeure du Comte Guy Van den Steen, est devenu propriété de la Province de Liège qui, depuis le 20 janvier 2000 s'attache à conserver l'ensemble du domaine et de ses collections.
La visite du Château est riche en découvertes: des meubles rares, des collections d'orfèvrerie, des dentelles, des porcelaines, des tapisseries, des livres, d'argenterie, des tableaux et des sculptures.
L'émerveillement se prolonge dans les jardins, au gré des sentiers, des charmilles et des fontaines.
Ouvert: De Pâques jusqu' à Toussaint
du ma au ve de 14 à 18h
sa, di et jours fériés de 11 à 18h

1.3 *Les Maîtres du Feu (H3),*
rue de Bende 5, 4540 Ampsin - ☎ 085/24 04 17
Parcours-spectacle à la découverte du savoir-faire, des conditions de travail et de vie des ouvriers dans les briqueteries, les fours à chaux, les carrières d'alun et les mines du bassin mosan.
Ouvert: d'avril à octobre: week-end, jours fériés de 10 à 18h
pendant les vacances scolaires, tous les jours de 10 à 18h

1.4 *La Tour Romane (I3),* rue de l'Industrie 38, 4540 Amay - ☎ 085/31 24 60
Imposante quadrilatère, elle mesure 15 mètres de haut. Un exemple rare de l'architecture militaire du XIIIe siècle
Ouvert: samedi, dimanche et jours fériés de 11 à 18h
autres jours sur rendez-vous

2. ANDENNE (NAM) - G4

Maison du Tourisme du Pays de Namur (Centr. Namur Info 2 p. 99), square Léopold, 5000 Namur - ☎ 081/24 64 49 - www.pays-de-namur.be

Office du Tourisme d'Andenne (G4), place des Tilleuls 48, 5300 Andenne - ☎ 085/84 96 40 - www.andenne.be

2.1 ***Trésor et musée de la collégiale (G4),*** place du Chapître, 5300 Andenne - Renseignements ☎ +32 (0)85/84 13 60 Textiles, sculptures, manuscrits, imprimés, monuments funéraires, orfèvrerie du XVIe au XXe siècle dont la châsse renaissance de Sainte Begge ainsi que des porcelaines religieuses d'Andenne.

Ouvert: mai, juin et septembre, tous les 1er et 3e dimanche du mois de 14 à 18h
du 1er juillet au 15 août tous les dimanches et jours fériés de 14 à 18h

2.2 ***Musée de la céramique (G4),***
rue Charles Lapierre 29, 5300 Andenne - ☎ 085/84 41 81
Céramique du IIe au XXe siècle : poteries, pipes, faïences, porcelaines, grès d'art, tuiles, briques. Fours des Xe, XIVe et XXe siècles. Une carrière d'argile. Atelier de céramique.
Ouvert: du mardi au vendredi de 9 à 12h et de 13 à 16h30
samedi et dimanche de 14 à 17h

2.3 ***Réserve naturelle de Sclaigneaux (G4),*** sur la rive gauche de la Meuse entre Andenne et Nameche, 5300 Andenne - ☎ 085/84 96 40
On peut y découvrir une lande de bruyères, une pinède, une futaie aux chênes et hêtres imposants, des pelouses dolomitiques, une multitude d'orchidées différentes et une faune très variée.
Ouvert : toute l'année

2.4 ***Grottes de Sclayn (F4),*** rue Fond des Vaux 339d, 5300 Sclayn - ☎ 081/58 29 58 - www.scladina.be
Ces grottes revèlent 2 couches d'occupation par les néandertaliens, dont la plus ancienne remonte à 130.000 ans.
Ouvert: le musée est accessible du lundi au vendredi de 9 à 16h (fermeture annuelle de mi-décembre à mi-janvier)
La grotte n'est accessible que sur rendez-vous

3. ANHEE (NAM) - E6

Maison du Tourisme de la Haute-Meuse dinantaise (Centr. Dinant p. 56), avenue Cadoux 8, 5500 Dinant - ☎ 082/22 28 70 - www.dinant-tourisme.be

Syndicat d'Initiative d'Anhée Meuse-Molignée (E6), rue de la Molignée 8, 5537 Anhée - ☎ 082/61 39 00 - www.meusemolignee.be

3.1 ***Abbaye de Maredret (E6),*** rue des Laidmonts 9, 5537 Maredret (Sosoye) - ☎ 082/69 91 34.
L'abbaye des Bénédictines fut fondée en 1891 par Cécile de Hemptinne et six moniales belges. De style néo-gothique, l'abbaye est un lieu de recueillement.
Ouvert: toute l'année

3.2 ***Abbaye de Maredsous et Centre d'accueil Saint-Joseph (E6),*** rue de Maredsous 11, 5537 Denée - ☎ +32 (0)82/69 82 11 - www.maredsous.com.
L'abbaye fut fondée en 1872 par des moines bénédictins venus de Beuron en Allemagne. Le premier architecte, le baron Bethune, a choisi pour l'ensemble le style néo-gothique. Idéalement implantée dans la pittoresque vallée de la Molignée, l'abbaye compte parmi les plus belles abbayes du pays. Le centre Saint-Joseph vous offre la possibilité de vous détendre en dégustant les spécialités traditionnelles de l'abbaye : le pain, le fromage, la bière et les produits du terroir.
Ouvert: d'octobre à mars, de 10 à 18h en semaine et de 10 à19h le week-end
d'avril à septembre, de 10 à 18h en semaine, de 10 á 19h le samedi et de 10 à 20h le dimanche
en juillet et août de 10 à 19h du lundi au samedi et de 10 à 20h le dimanche

3.3 ***Musée du Bois et de la Vie Rurale (D6),*** rue des Artisans 10a, 5537 Maredret - ☎ 082/69 92 53 - www.alafontaine.be.
Le musée présente plus de 1800 pièces (XVIIIe siècle à nos jours), 72 essences d'arbres existant dans la région de l'Entre-Sambre-et-Meuse et la faune de la forêt locale.
Ouvert: sur rendez-vous uniquement, tous les jours de la semaine sauf le mercredi

3.4 ***Musée du Souvenir - Batailles de la Meuse mai 1940 (E6),*** place des Français, 5537 Haut-le-Wastia - ☎ 082/61 46 32 - www.meusemolignee.be
Découvrez les terribles journées de mai 1940 dans la vallée mosane. Le musée de Souvenir retrace les batailles de la Meuse.
Ouvert:de mai à mi-octobre, le samedi, le dimanche et les jours fériés de 13h30 à 18h

3.5 ***Les jardins d'Annevoie (E6),*** rue des Jardins d'Annevoie 47, 5537 Annevoie - ☎ 082/67 97 97 - www.jardins.dannevoie.be.
Patrimoine majeur de Wallonie, le seul jardin d'eau de Belgique.
Ouvert: de Pâques à Toussaint, tous les jours de 9h30 à 17h30
en julliet et août, tous les jours de 9h30 à 18h30

ANNEVOIE → ANHEE

4. ANTHISNES (LIE) - J4

Maison du Tourisme du Pays de l'Ourthe & de l'Amblève (K-L4),route de Louveigné 3, 4920 Sougné-Remouchamps - ☎ 043/84 35 44 - www.ourthe-ambleve.be

Syndicat d'Initiative (J4), (01/04-15/10), Château de l'Avouerie d'Anthisnes, avenue de l'Abbaye 19, 4160 Anthisnes - ☎ 043/83 63 90 - www.avouerie-anthisnes.be

4.1 ***Musée de la Bière et du Pecket (J4),*** avenue de l'Abbaye 19, 4160 Anthisnes - ☎ 043/ 83 63 90 www.avouerie.be
Une collection de bières, de verres, du matériel de distillation, etc.
Ouvert:du mardi au dimanche de 10 à 18h

5. ARLON (LUX) - L13

Maison du Tourisme du Pays d'Arlon (Centr.), rue des Faubourgs 2, 6700 Arlon - ☎ 063/21 94 54 - www.arlon.tourisme.be

5.1 ***Ruines de l'Abbaye de Claire-Fontaine (M14)***
(XIIIe siècle) Mausolée de la Princesse Ermesinde. Comtesse de Luxembourg

5.2 ***Eglise Sacré-Cœur (Centr.),***
rue des Déportés, 6700 Arlon. Edifiée par les pères Jésuites en 1897-98. Style néo-roman rhénan.

5.3 ***Eglise Saint-Donat et La Colline "La Knipchen" (Centr.),***
square Elisabeth, 6700 Arlon - ☎ 063/21 63 60. www.ot-arlon.be
L'église Saint-Donat érigée en 1626 par les Pères Capucins sur les ruines du château des comtes et marquis d'Arlon. Tour belvédère: campanile renfermant un carillon jouant "l'air d'Arlon" toutes les heures. Trésor à voir: reliques. S'adresser au presbytère. Merveilleux panorama sur trois pays à 450 m d'altitude.

5.4 ***Eglise Saint-Martin (Centr.),***
square Albert Ier, 6700 Arlon, construite à partir de 1907 en style ogival rayonnant fin XIIIe siècle. Flèche élancée de 97 m de haut.

5.5 ***Musée d'Autelbas (M14),*** rue Am-Eck 26, 6706 Autelbas - ☎ 063/23 46 39
Musée de la poterie. Les fouilles ont mis à jour des fours et des structures d'habitats dont les vestiges sont présentés dans les salles du musée.
Ouvert: uniquement sur rendez-vous (063/23 46 39)

5.6 ***Musée de la Tour Romaine (Centr.),*** Grand-Place, 6700 Arlon - ☎ 063/21 63 60 www.ot-arlon.be
Tour Romaine (IIIe siècle) avec une partie des remparts. Sculptures et monuments funéraires.

5.7 ***Musée du Cycle (M14),*** rue de Stehnen 44, 6700 Weyler - ☎ 063/21 72 03
Ce musée présente des bicyclettes defférentes, des lanternes, des affiches, etc.
Ouvert: Unique sur rendez-vous

5.8 ***Musée Archéologique (Centr.),***
rue des Martyrs 13, 6700 Arlon - ☎ 063/21 28 49
Unique collection de monuments et d'objets gallo-romains.
Ouvert: du mardi au samedi, de 9 à 12h et de 13 à 17h30 d'avril aux Journées du Patrimoine, le dimanche et les jours fériés de 13h30 à 17h30

5.9 ***Musée Gaspar (Centr.),*** rue des Martyrs 16, 6700 Arlon - ☎ 063/60 06 54
Avec les œuvres du sculpteur Jean-Marie Gaspar
Ouvert: de mardi au samedi, de 9h30 à 12h et de 13h30 à 17h30 d'avril aux Journées du Patrimoine, le dimanche et les jours fériés de 13h30 à 17h30

5.10 ***Musée du Scoutisme International (L13),*** rue du Maitrank 49, 6700 Bonnert - ☎ 063/22 15 53 - www.museescout.be
Découvrez un très large éventail d'objets relatifs au scoutisme, autant belge qu'international.
Ouvert: uniquement sur rendez-vous pour kes groupes de minimum 5 personnes

5.11 ***Parc Archéologique (vieux cimetière et Thermes Romains) (Centr.),*** rue des Thermes Romains, 6700 Arlon - ☎ 063/21 63 60 www.ot-arlon.be
Vestiges d'un établissement thermal datant du premier siècle.
Ouvert: toute l'annnée

5.12 ***Place Léopold (Centr.)***
Créé en 1840. Du côté sud: le parc Léopold.

5.13 ***Sources de la Semois (Centr.),*** Rue Sonnetty , 6700 Arlon
Site aménagé en 1962. Naissance de l'une des plus belles rivières du pays. Réserve naturelle de Vance-Sampont.

5.14 ***Square Albert Ier (Centr.)***
Comporte l'imposante statue dédiée au Roi Chevalier.

5.15 ***Square Astrid (Centr.)***
Aménagé au cours des années 1930.

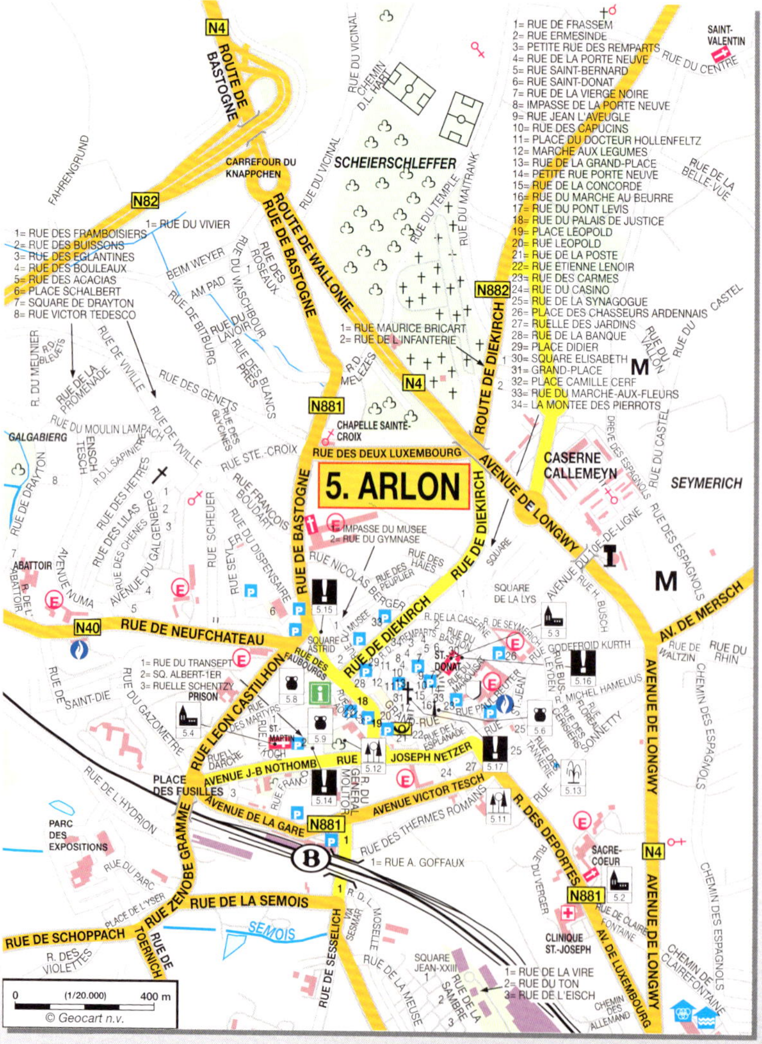

On peut y voir le monument à la Reine Astrid (1937), «L'Appel de la Forêt» (1933), ainsi qu' une fontaine aux jeux d'eau miroitants. Monument au général Patton au bas du square.

5.16 ***Square Elisabeth (Centr.)***
Au pied de la rampe en lacets qui conduit à Saint-Donat, on peut voir le buste de la Reine Elisabeth et à proximité, celui de l'ancien bourgmestre d'Arlon, Paul Reuter.

5.17 ***Croix Féodale (Centr.),*** sur la Grand-Place, 6700 Arlon

AUTELBAS → ARLON

6. AYWAILLE (LIE) - K4

Maison du Tourisme du Pays de l'Ourthe & de l'Amblève (K-L4), route de Louveigné 3, 4920 Sougné-Remouchamps - ☎ 043/84 35 44 - www.ourthe-ambleve.be

6.1 ***Château de Harzé (K5),*** rue de Bastogne 1, 4920 Harzé - ☎ 086/21 20 33 - www.palogne.be
Dans les anciennes dépendances du château de Harzé se trouve le musée de la meunerie et de la boulangerie.
Le clou du musée reste sans conteste la reconstition d'un authentique moulin à eau, dont toutes les pièces du mécanisme peuvent tourner sous vos yeux.
Ouvert: du mai au octobre: week-ends et jours fériés en juillet et en août: tous les jours

6.2 ***Monde sauvage (L4),*** Fange de Deigné 3, 4920 Aywaille - ☎ 043/60 90 70 - www.mondesauvage.be. Safari parc récréatif de 86 ha composé de 5 sections.
Ouvert: tous les jours de la mi-mars á la mi-novembre, dès 10h (les heures de fermeture varient selon la saison)

6.3 ***Les Grottes de Rémouchamps (K-L4),*** rue de Louveigné 3, 4920 Aywaille - ☎ 043/60 90 70 - www.grottes.be.
La plus longue navigation souterraine du mode!
Ouvert: du 1/2 au 30/11, de 10 à 17h30 (dernière visite à 16h15) du 1/12 au 31/1, les week-ends, vacances de Nöel et de Nouvel An de 10 à 16h

6.4 ***Le Ninglinspo (L4),*** Ruisseau parmi les plus capricieux et turbulents serpentant dans les vallons de la commune d'Aywaille.

6.5 ***Les fonds de Quarreux (L5),*** blocs de quartzite parsemant une rivière.

BARCHON → BLEGNY

BARVAUX → DURBUY

7. BASSENGE (LIE) - Centr.

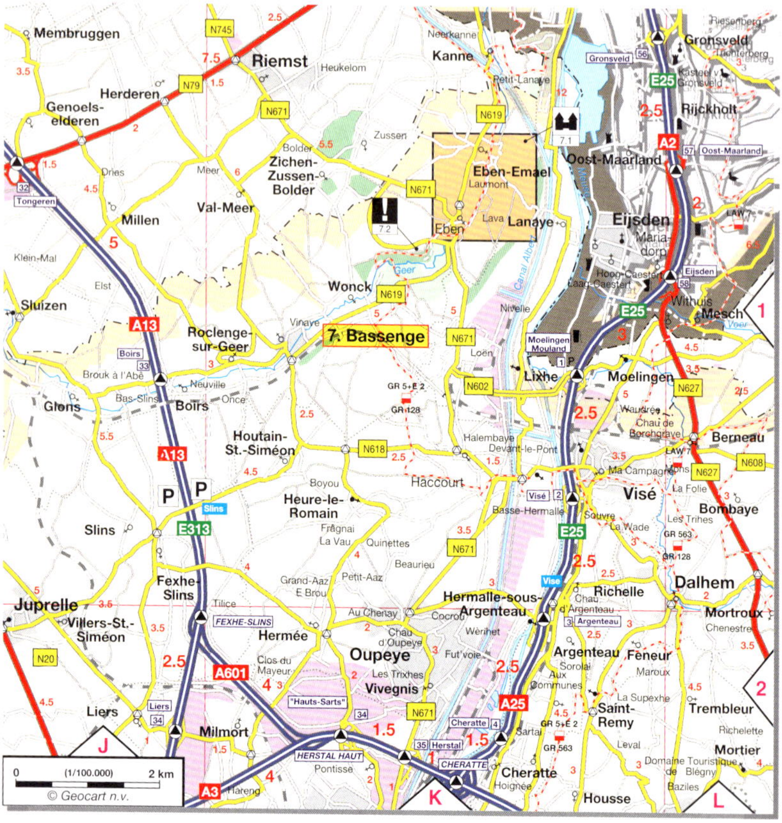

Maison du Tourisme de la Basse Meuse (K1): rue des Beguines 7, 4600 Visé - ☎ 043/74 85 55 - www.basse-meuse.be

7.1 ***Le fort d'Eben-Emael (Centr.),*** rue du Fort 40, 4940 Eben-Emael - ☎ 042/86 28 61 - www.fort-eben-emael.be.
Censé barrer l'accès au Canal Albert, ce fort était un des plus modernes d'Europe. Il n'en tomba pas moins le premier jour de l'invasion allemande en mai 1940.
Ouvert: plus d' informations sur www.fort-eben-emael.be

7.2 ***La Tour d'Eben-Ezer (Centr.),*** chemin du Broukay,
4690 Eben-Emael - ☎ 042/86 92 79
Une construction en silex d'une trentaine de mètres, surmontée de quatre chérubins de l'Apocalypse.
Ouvert: d'avril à octobre du lundi au vendredi de 13h30 à 18h, samedi et dimanche de 13h30 à 19h de novembre à mars, du lundi au vendredi de 13h30à 17h, samedi et dimanche de 13h30 à 18h

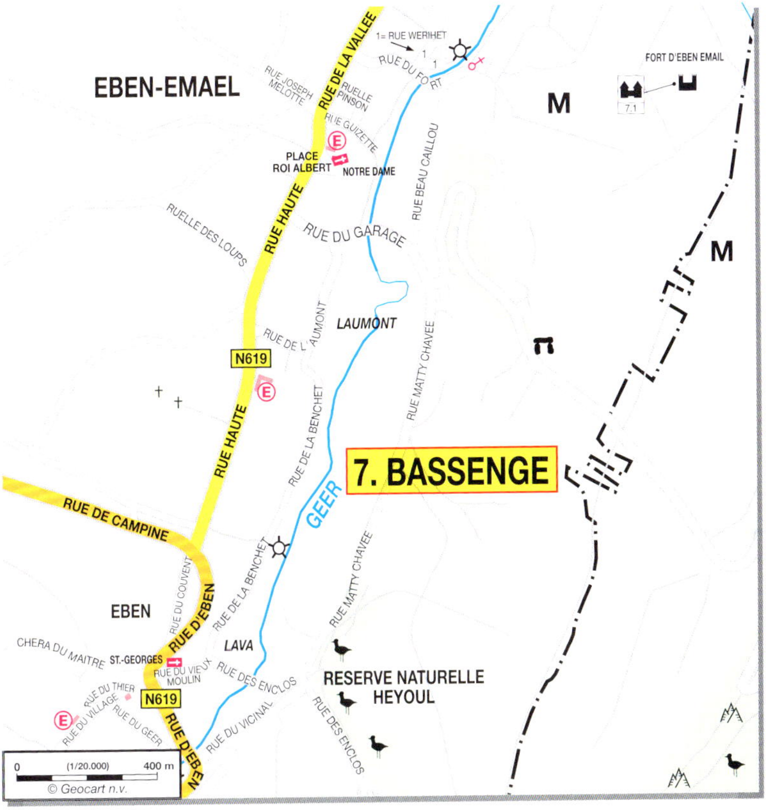

8. BASTOGNE (LIE) - L10

Maison du Tourisme du Pays de Bastogne (Centr.) :
place Mc Auliffe, 6600 Bastogne - ☎ 061/21 27 11
www.paysdebastogne.be

8.1 ***Eglise Saint-Pierre (Centr.)***, place Saint-Pierre, 6600 Bastogne - ☎ 061/21 32 87
adaptée siècle par siècle. Art roman en combinaison avec gothique flamboyant. Chaire remarquable.

8.2 ***Le Bastogne War Museum (Centr.),***
colline du Mardasson, 6600 Bastogne ☎ 061/21 14 13 - www.bastognehistoricalcenter.be

Ce nouveau lieu de mémoire sera aussi un véritable lieu de vie et proposera : cafétéria, terrasse ensoleillée, boutique, ainsi que de nombreux événements et expositions temporaires. Le nouveau museum Ouvert:en 2014

8.3 ***Animalaine (L9),*** Bizory 5, 6600 Bastogne - ☎ 061/21 75 08 - www.animalaine.be
Musée interactif de la laine et des vieux métiers avec parc animalier, petite restauration, produits du terroir, boutique, plaine de jeux.
Ouvert: du 1e avril au 1e octobre, lundi, mardi, jeudi, et vendredi de 9h30 à 16h30, samedi, dimanche et jours fériés de 11h30 à 18h

8.4 ***Ferme des bisons et musée de la vie indienne*** (L9), Recogne, 6600 Bastogne - ☎ 061/21 06 40 - www.fermedes-bisons.be.
Vie et habitudes des Indiens des plaines d'amérique du nord, excursions en roulottes bâchées, toutes informations concernant les bisons etc.
Ouvert: plus d'informations sur www.fermedesbisons.be

8.5 ***Au Pays d'Ardenne Original (Centr.),*** rue de Neufchâteau 20, 6600 Bastogne - ☎ 061/21 49 11
Collections: outils aciens, zoologie régionale, guerre. Les armes, les documents d'époque, les objets insolites évoquent la vie des soldats allemands et américains pendant la guerre.
Ouvert: tous les jours, en juillet et août de 9 à 18h, hors saison de 9 à 17h

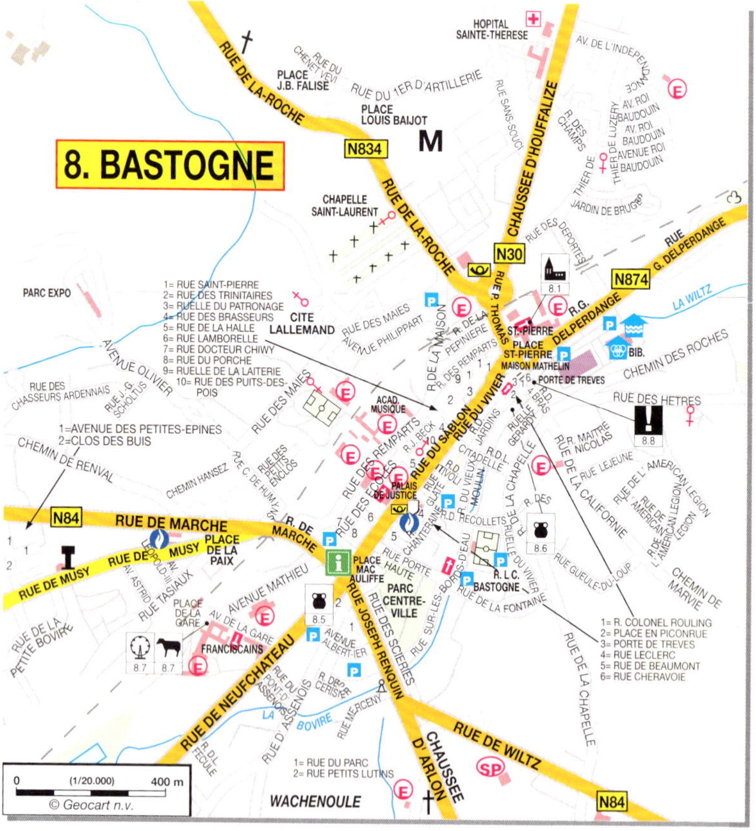

8.6 ***Musée En Pinconrue et Maison des Légendes (Centr.)***, place en Piconrue 2, 6600 Bastogne - ☎ 061/21 56 14 - www.piconrue.be
Objets d'art religieux et croyance populaire dans les Ardennes et au Luxembourg. Le musée est installé depuis 1986 dans l'ancien couvent de Bethléem.
Ouvert: du mardi au dimanche de 10 à 18h (dernière entrée à 17h)

8.7 ***Entre ville et campagne (Centr.),*** avenue de la Gare 15, 6600 Bastogne
☎ 061/21 79 27. - www.naturanecosmetics.com
À 200 m de la place McAuliffe. On y propose des balades

à dos d'ânes, sans accompagnement. Une activité qui vous permet de découvrir l'univers de la ferme.
Ouvert: plus d'information sur www.naturanecosmetics.com

8.8 ***La porte de Trèves (Centr.)***
La porte de Trèves (XIVe siècle) est le dernier vestige des fortifications qui entouraient la ville au Moyen Âge. Le premier usage de la Porte de Trèves était de permettre l'acces à la ville. Plus tard, la Porte de Trèves fut convertie en prison et en maison de passage jusqu'à la guerre 1914-1918. Restauré à nouveau à la fin du XIXe siècle, le bâtiment subira les effets de l'offensive von Rundstedt, en 1944-1945.

8.9 ***Mémorial Américain du Mardasson (L10) (1950).***
Ce monument a été construit en l'honneur des 76 890 soldats américains morts, blessés ou portés disparus pendant la Bataille des Ardennes. Sur les murs de la galerie circulaire on peut lire l'histoire de cette bataille.

9. BEAURAING (LIE) - F8

Maison du Tourisme du Val de Lesse Beauraing-Houyet-Rochefort (F8), rue de Behogne 5, 5580 Rochefort - ☎ 084/34 51 72 - www.valdelesse.be

Office du Tourisme (F8), route de Rochefort 38, 5570 Beauraing - ☎ 082/71 11 40

9.1 ***Sanctuaires de Beauraing (F8),*** rue de l'Aubépine 6, 5570 Beauraing - ☎ 082/71 12 18 - www.http://beauraing.catho.be/
Musée consacré les apparitions de la Sainte Vierge au pèlerinage.

10. BERTRIX (LIE) - H11

Maison du Tourisme du Pays de Bouillon (Centr. bouillon p. 47), quai de Saulx 12, 6830 Bouillon - ☎ 061/46 52 11 - www.bouillon-tourisme.be

Office du Tourisme (H11), place des Trois Fers 12, 6680 Bertrix - ☎ 32 61 41 44 11 - www.bertrix.be

10.1 ***Au cœur de l'Ardoise (H12),*** rue du Babinay 1, 6880 Bertrix - ☎ 061/41 45 21 www.aucoeurdelardoise.be.
Muni d'un audioguide, partez à la découverte d'une étonnante mine d'ardoises com prenant un film vidéo.
Ouvert: tous les week-ends de 10 à 18h ainsi que le mercredi à 14h
tous les jours, sauf lundi non férié, durant les vacances scolaires, de 10 à 18h

BIOUL → ANHEE

11. BLEGNY (LIE) - L2

Maison du Tourisme de la Basse Meuse (K1), rue des Beguines 7, 4600 Visé - ☎ 043/74 85 55 - www.fortbarchon.be

11.1 ***Le fort de Barchon (K2),*** rue du Fort, 4671 Barchon www.fortbarchon.be - ☎ 043/87 58 37
Ce fort qui a servi en 1914 et en 1940 permet de mesurer les tentatives de réaménagement d'une guerre à l'autre.
Ouvert: les deuxièmes dimanches du mois, d'avril à novembre, à 14h

11.2 ***Le domaine touristique de Blegny-Mine (L2),*** rue Lambert Marlet 23, 4670 Blegny - ☎ 043/87 43 33 - www.blegnymine.be.
Ancien charbonnage magnifiquement reconverti en attraction touristique à la fois pédagogique et ludique. Découverte d'une mine (avec toutes les phases d'extraction et du travail du charbon) et parcours-spectacle du Puits-Marie sur le métier de mineur. Balades en tortillard et croisières sur la Meuse à bord du bateau "Pays de Liège".
Ouvert: plus d'information sur www.blegnymine.be

12. BOUILLON (LIE) - G12

Maison du Tourisme du Pays de Bouillon (Centr.), quai des Saulx 12, 6830 Bouillon - ☎ 061/46 52 11 - www.bouillon-tourisme.be

Syndicat d'Initiative - Château fort (Centr.): esplanade Godefroid 1, 6830 Bouillon - ☎ 061/46 62 57 - www.bouillon-initiative.be

12.1 ***Abbaye Notre-Damme de Clairefontaine (G12),*** 3 km à l'Ouest du Centre, Cordemois 1, 6830 Bouillon - ☎ 061/22 90 80
Abbaye fondée en 1935. Cadre unique de splendeur et de silence. Magasin avec des produits de l'abbaye.
Ouvert: abbaye ouverte tous les jours de 9h30 à 19h; magasin ouvert tous les jours de 10h30 à 17h30, sauf lundi hors saison
janvier: fermé lundi, mercredi, jeudi

12.2 ***Château fort de Bouillon (Centr.),*** esplanade Godefroid 1, 6830 Bouillon ☎ 061/46 62 57 - www.bouillon-initiative.be
Le plus ancien et le plus intéressant vestige de la

féodalité en Belgique.
Ouvert: plus d'informations sur www.bouillon-initiative.be

12.3 ***Musée ducal (Centr.),*** rue du Petit 1-3, 6830 Bouillon - ☎ 061/46 41 89 - www.museeducallbouillon.be.
Les collections du Musée ducal abritées dans des bâtiment des XVIIe et XVIIIe siècles classés.
Ouvert: de Pâques au 30 septembre, tous les jours de 10 à 18h
du 1er octobre au 15 novembre, congés scolaires, tous les jours de 10 à 17h

12.4 ***Archéoscope Godefroid de Bouillon (Centr.),*** quai des Saulx 14, 6830 Bouillon - ☎ 061/46 83 03 - www.archeoscopebouillon.be.
Un spectacle audiovisuel fascinant et magique, truffé d'effets spéciaux, vous ramène près de mille ans dans le passé, pour suivre l'épopée du duc Godefroid et de ses croisés en route vers Jérusalem. Les salles d'exposition évoquent l'histoire de la région de la Semois, de la ville de Bouillon et du couvent.
Ouvert: plus d'informations, www. archeoscopebouillon.be

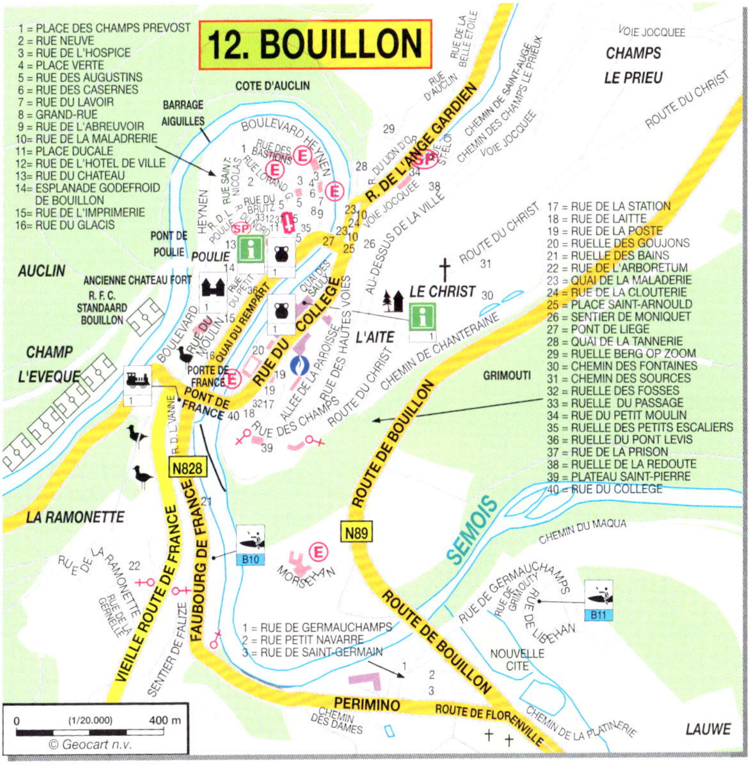

12.5 ***Parc animalier de Bouillon (G12)***, chemin de Chanteraine, 6830 Bouillon - ☎ 061/46 71 52 - www.parcanimalierde-bouillon.be Parc animalier avec des bisons, des lynx, des sangliers, des renards, des loups etc.
Ouvert: d'octobre à mars, tous les jours de 9h30 à 16h
d'avril à juin et septembre, tous les jours de 9h30 à 17h
juillet et août, tous les jours de 9h30 à 18h
fermé le 25/12 et le 01/01

12.6 ***Train touristique (Centr.)***, rue de Laitte 12, 6830 Bouillon - ☎ 061/46 70 04 - www.ttb.be

Visite guidée de la ville et de ses environs, une balade de 40 minutes et de 7 kilomètres. Point de départ de la visite: Pont de France.
Ouvert:
plus d'informations sur wwwttb.be

BOUSSU-LES-WALCOURT → FROIDCHAPELLE

13. BURDINNE (LIE) - G3

Maison du Tourisme des Vallées de la Burdinale et de la Mehaigne (G3), rue de la Burdinale 6, 4210 Burdinne - ☎ 085/25 16 96 - www.tourismebm.be

13.1 ***L'Hirondelle (G3),*** rue du Château 1, 4210 Oteppe - ☎ 085/71 11 31 - www.lhirondelle.be.
Un centre de délassement et de promenades, 2 piscines, terrains de sports etc.
Ouvert:plus d'informations sur www.ihirondelle.be

13B. BURG-REULAND (LIE) - N-O7

Maison du Tourisme de Cantons de l'Est (N5), place Albert 1er 29a, 4960 Malmedy - ☎ 080/33 02 50 - www.eastbelgium.com

Syndicat d'Initiative Burg Reuland-Ouren (N7), Burg-Reuland 106A, 4790 Burg-Reuland -☎ 080/32 91 31

13b.1 ***Église St. Stephanus (N7),*** 4970 Burg-Reuland
L'église date de 1771 et fut considérablement agrandie en1912. À l'intérieur: tombeau de Balthazar de Pallant (mort en 1625) et de son épouse.

13b.2 ***Le château de Burg-Reuland(N7),*** 4970 Burg-Reuland - ☎ 080/32 97 12
Les ruines datent de Xe siècle, représent une partie du chateau de jadis. Les ruines encore existantes représentent qu'une partie du château de jadis.
Ouvert : 1/5-30/6: tous les jours souf mardi
1/7-15/9: tous les jours
16/9-15/11: samedi et dimanche

CELLES → HOUYET

14. CERFONTAINE (LIE) - B8

Maison du Tourisme des Vallées des Eaux Vives (C9), rue de la Falaise 3, 5660 Couvin - ☎ 060/34 01 40 - www.valleesdeseauxvives.be

Office du Tourisme (B8) : place de l'Église 9, 5630 Cerfontaine - ☎ 071/64 46 67 - www.cerfontaine.be

14.1 ***Musée de la vie régionale (B8),*** Ancienne Gare, 5630 Cerfontaine - ☎ 071/64 48 50
Musée régional, folklore et histoire locale.
Ouvert:de Pâques à mi-septembre, les dimanches et jours fériés de 15 à 18h

14.2 Les Lacs de l'Eau d'Heure (B8),
Centre d'Accueil de la Plate Taille,6440 Boussu-lez-Walcourt 6440 Boussu-Lez-walcourt - ☎ 071/50 92 92 - www.lacsdeleaudheure.be
À partir du Centre d'Accueil, un circuit touristique conduit le public à travers les galeries souterraines du barrage vers la centrale hydroélectrique et les belvédères du sommet de la tour panoramique (107m).
Aquacentre: le parc aquatique de toutes vos envies: (bassins sportifs, espace détente, rivière rapide, rivière extérieure).
Voir aussi 27.1 & 27.2 Froidchapelle: les Lacs de l'Eau d'Heure font partie de deux provinces.

14.3 Horloge astronomique de Senzeilles + musée de l'horloge (B8), rue de l'Horloge , 5630 Senzeilles (Cerfontaine) - ☎ 071/64 48 53
Horloge de 13 cadrans actionnés par un axe central donnant la mesure du temps. Construit il y a 100 ans par Lucien Charloteaux, autodidacte, le balancier effectue 86 400 oscillations en 24 heures.
Ouvert: le mercredi de 12 à 17h, le jeudi de 9h30 à 13h, le samedi et le dimanche de 12 à 17h

CHASSEPIERRE → FLORENVILLE

15. CHAUDFONTAINE (LIE) - K3

Maison du Tourisme des Thermes et des Coteaux (K3), Maison Sauveur, Parc des Sources, Au Gadot 24, 4050 Chaudfontaine - ☎ 043/61 56 30 - www.thermesetcoteaux.be

15.1 Eglise Saint-Jean l'Evangéliste et les Orgues Le Picard (1742) (K3),
route de l'Abbaye (à côte de l'abbaye), 4052 Beaufays
Anciens monuments des chanoines de Saint-Augustin datant de 1123. Ce bâtiment a servi tantôt comme église tantôt comme hôpital.
Chaque année , de nombreux concerts et récitals y sont organisés.

15.2 La basilique de Chèvremont (K3), Rue de Chèvremont 4051 Vaux-sous-Chèvremont - ☎ 043/65 04 36
Consacrée en 1899 par Monseigneur Doutreloux, évêque de Liège, elle est desservie par les Carmes déchaussés. diensten.

15.3 Notre Dame de Chèvremont (K3), au sommet du Thier de la Chapelle, 4051 Vaux-sous-Chèvremont
Ce sont des Jésuites anglais qui ont été à la base de l'aménagement de cette petite chapelle où la Madone est invoquée depuis 1688.

15.4 Fort d'Embourg (K3),
rue du Fort, 4053 Embourg - ☎ 043/43 99 28
Théâtre de combats pendant la Grande Guerre, le Fort d'Embourg servit encore en 1940. Il est le premier musée sur la fortification en Belgique. Une collection unique en

armes, costumes et équipements.
Ouvert: le 4e dimanche de chaque mois

15.5 ***Château des thermes (K3),***
rue de Hauster 9, 4050 Chaudfontaine
☎ 043/67 80 67. www.chateaudesthermes.be
Retrouvez la source du bien-être, centre thermal, hôtel et séminaires.
Ouvert: le château des thermes est ouvert toute l'année

15.6 ***Western City (K3),*** rue du Bois de la Grue, 4050 Chaudfontaine, ☎ 043/65 54 61 - www.western-city.be.
«Western City»", cité cow-boys aux portes de Liège.
Ouvert: plus d'informations sur www.western-city.be

15.7 ***Le pont du Diable (K3),*** 4050 Chaudfontaine
Curieux, car il n'est d'aucune utilité par sa construction utilisant une partie de la roche en place. Construit Il y a plus d'un siècle, lors de la création de la ligne de chemin de fer. (la ligne de chemin de fer Ostende-Cologne qui entre dans un tunnel, véritable œuvre d'art construite en 1843).

CHEVETOGNE → CINEY

16. CHIMAY (HAI) - A9

Maison du Tourisme de la Botte du Hainaut (A9), rue de Noailles 6, 6460 Chimay - ☎ 060/21 98 84 - www.botteduhainaut.com

Syndicat d'Initiative de Chimay (A9), Vieille Tour, rue de Noailles 4, 6460 Chimay - ☎ 060/21 18 46 - www.chimaypromotion.com

16.1 ***Le château de Chimay (A9),*** rue du Château 14, 6460 Chimay - ☎ 060/21 44 44. - www.chateaudechimay.com
Chateau datant des XIIIe et XIVe siècles.
Ouvert: plus d'informations sur www.chateaudechimay.com

16.2 ***La Grange aux Papillons (A9),***
rue de l'Estrée 4A, 6461 Virelles (Chimay) - ☎ 060/21 99 89 - www.lagrangeauxpapillons.com
Pénétrez dans le monde magique des papillons.
Ouvert: du 1er mai au 30 septembre, de 11 à 17h30
(fermé le lundi en mai, juin et septembre)

16.3 ***Aquascope (A9),*** rue du Lac 42, 6461 Virelles (Chimay) - ☎ 060/21 13 63 - www.aquascope.be
Découvrez la nature dans l'une des plus grandes réserves naturelles du pays. (parcours extérieur et intérieur)
Ouvert: plus d'informations sur www.aquascope.be

17. CINEY (NAM) - G6

Maison du Tourisme Condroz-Famenne (H6), rue de l'Église 4, 5377 Heure - ☎ 086/40 19 22 - www.valleesdessaveurs.be

Office du Tourisme (G6), place du Roi Baudouin, 5590 Ciney - ☏ 083/21 65 65 - www.ciney.be

17.1 ***Monastère de Chevetogne (G7),*** rue du Monastère 65, 5590 Chevetogne - ☏ 083/21 17 63. www.monasterecheve-togne.com

17.2 ***Église byzantine (G7),*** rue du Monastère, 5590 Chevetogne, construite entre 1955 & 1957.

17.3 ***Église latine (G7),*** rue du Monastère, 5590 Chevetogne, Église construite entre 1981 et 1988.

17.4 ***Château de Jannée (H6),*** 5590 Pessoux (Jannée) - ☏ 083/68 82 07 - www.chateaudejannee.com
Très beau château reconstruit au XVIIe siècle sur les ruines d'un vieux donjon du XIIe siècle. Il est situé dans un parc paisible avec du gibier en liberté. 21 pièces meublées à visiter.
Ouvert: toute l'année sur rendez-vous.
(promenade libre dan le parc)

17.5 ***Domaine Provincial de Chevetogne (G7),***
5590 Chevetogne - ☏ 083/68 72 11 - www.domainedechevetogne.be
Découvrez ses jardins, ses concerts, sa plaine de jeux, sa restauration, ses séjours pédagogiques
Ouvert: plus d'informations sur
www.domainedechevetogne.be

17.6 ***Le Rosaire de Conjoux (G7),***
rue des Grottes, 5590 Conneux (Conjoux)
L'abbé Elisée Laloux, qui était Curé de Conjoux depuis 1870, entreprit de construire ces grottes après son retour de pèlerinage à Lourdes en 1883 et ce, afin d'encourager la dévotion mariale. C'est vers 1890 qu'il entreprit la construction de 18 grottes. Moins fréquentées aujourd'hui, elles attiraient entre les deux guerres quelques 30 000 personnes chaque année dans l'entre-deux-guerres. Il ne s'agit pas d'une curiosité de la nature mais d'une réalisation de la main de l'homme. Réalisation sans doute unique : en fait, les grottes de Conjoux ne sont rien d'autre qu'un grand rosaire que les pèlerins parcourent, au lieu de l'égrener entre

leurs doigts.
Ouvert: les grottes sont ouvertes toute l'année

18. COMBLAIN-AU-PONT (LIE) - K4

Maison du Tourisme du Pays de l'Ourthe et de l'Amblève (K-L4), route de Louveigné 3, 4920 Sougné-Remouchamps - ☎ 043/84 35 44 - www.ourthe-ambleve.be

18.1 ***Les découvertes de Comblain (J4),***
place Leblanc 1, 4170 Comblain-au-Pont - ☎ 043/69 26 44 - www.decouvertemysteres.be
Citons, parmi ces, découvertes: la grotte de l'Abîme, la carrière souterraine du Petit Banc, le centre d'interprétation de la chauve-souris et le musée du pays d'Ourthe-Amblève.
Ouvert: plus d'informations sur www.decouvertes.be

COO → STAVELOT

CORROY-LE-CHATEAU → GEMBLOUX

19. COUVIN (NAM) - C9

Maison du Tourisme des Vallées des eaux Vives (C9), rue de la Falaise 3, 5660 Couvin - ☎ 060/34 01 40 - www.valleesdeseauxvives.be

19.1 ***Chemin de Fer à vapeur des 3 vallées (C9),***
Chaussée de Givet 49-51, 5660 Mariembourg - ☎ 060/31 24 40 - www.cfv3v.in-site-out.com
Découvrez un splendide paysage à bord d'un train à vapeur effectuant le trajet Mariembourg-Treignes, où l'on peut visiter le musée des trains à vapeur, près de la gare.
Ouvert: lus d'informations sur www.cfv3v.in-site-out.com

19.2 ***La caverne de l'Abîme (C9),***
rue de la Falaise, 5660 Couvin - ☎ 060/31 19 54
Au cœur même de Couvin se trouve un centre préhistorique.Le site est constitué par une vaste terrasse et par une grotte aux dimensions importantes, étagées sur deux niveaux. La terrasse un large hémicycle dont la partie inférieure forme le plus grand abri sous roche de Belgique. L'étage supérieur est aménagé en musée présentant les pièces le plus typiques de l'industrie et de la faune du Paléolithique. Un escalier permet au visiteur de descendre dans «l'Abîme», au milieu d'une gigantesque marmite de 12 m. de haut, qui se dévoilera totalement à ses yeux, au terme d'un fantastique «son et lumière».
Ouvert :fermeture annuelle: janvier.
du 01/02 au 31/12: groupes sur réservation.
fermé le mercredi.

19.3 ***Grottes de Neptune (C9),*** rue de l'Adujoir 24, 5660 Petigny (Couvin) - ☎ 060/31 19 54 - www.grottesneptune.be
Découvertes à la fin du XIXe siècle, les Grottes de Neptune comptent parmi les plus anciennes et les plus curieuses de Belgique. On commence la visite par un parcours pédestre dans les 2 étages supérieurs aux beaux dépôts de calcaire, la visite se poursuit en bâteau sur la rivière souterraine dans la partie inférieure de la grotte.
Ouvert: fermeture annuelle : janvier du 01/02 au 31/12 : en semaine ouvert pour groupes sur réservation. Fermé le mercredi.

19.4 ***Brasserie des Fagnes (C9),*** route de Nismes 26, 5660 Mariembourg (Couvin) - ☎ 060/31 15 70 - www.fagnes.com
Plongez au coeur de nos deux brasseries et découvrez :
* une brasserie moderne en activité 7j/7,
* une autre du XIXe s. reconstituée
Suivez le travail de notre maître-brasseur, tout en dégustant nos bières, de fabrication artisanale, au pied des cuves. Petite restauration (du terroir). Terrasse en été. Feu ouvert l'hiver. Entrée libre.
Ouvert: du février au décembre : fermé le lundi sauf en juillet et en août

DENEE → ANHEE

20. DINANT (NAM) - F7

Maison du Tourisme de la Haute-Meuse Dinantaise (Centr.), avenue Cadoux 8, 5500 Dinant - ☎ 082/22 28 70 - www.dinant-tourisme.be

20.1 ***Abbaye Nôtre-Dame de Leffe (Centr.),*** place de l'Abbaye 1, 5500 Dinant ☎ 082/22 23 77 - www.abbaye-de-leffe.be.
Le monastère, issu d'une donation du Comte de Namur, devient une abbaye en 1200. Il a survécu tant bien que mal aux vicissitudes de huit siècles et demi d'histoire. L'abbaye a subi d'importantes transformations. De l'église et du cloître, ne restent qu'un portail et quelques fondations.
Ouvert: le mercredi et le dimanche

20.2 ***Collégiale Eglise Notre-Dame (1175) (Centr.),*** avenue Cadoux 7, 5500 Dinant - ☎ 082/22 22 07 - Architecture ogivale primaire, partagée en trois nefs avec des fenêtres de la fin du XVe siècle. Elle possède de remarquables vitraux dont la grande verrière de Ladon.

Ouvert: tous les jours de 9h à 18h
visites guidées le dimanchee à 15h en juillet et août

20.3 ***Citadelle (Centr.),*** place Reine Astrid 5, 5500 Dinant - ☎ 082/22 36 70 - www.citadellededinant.be.

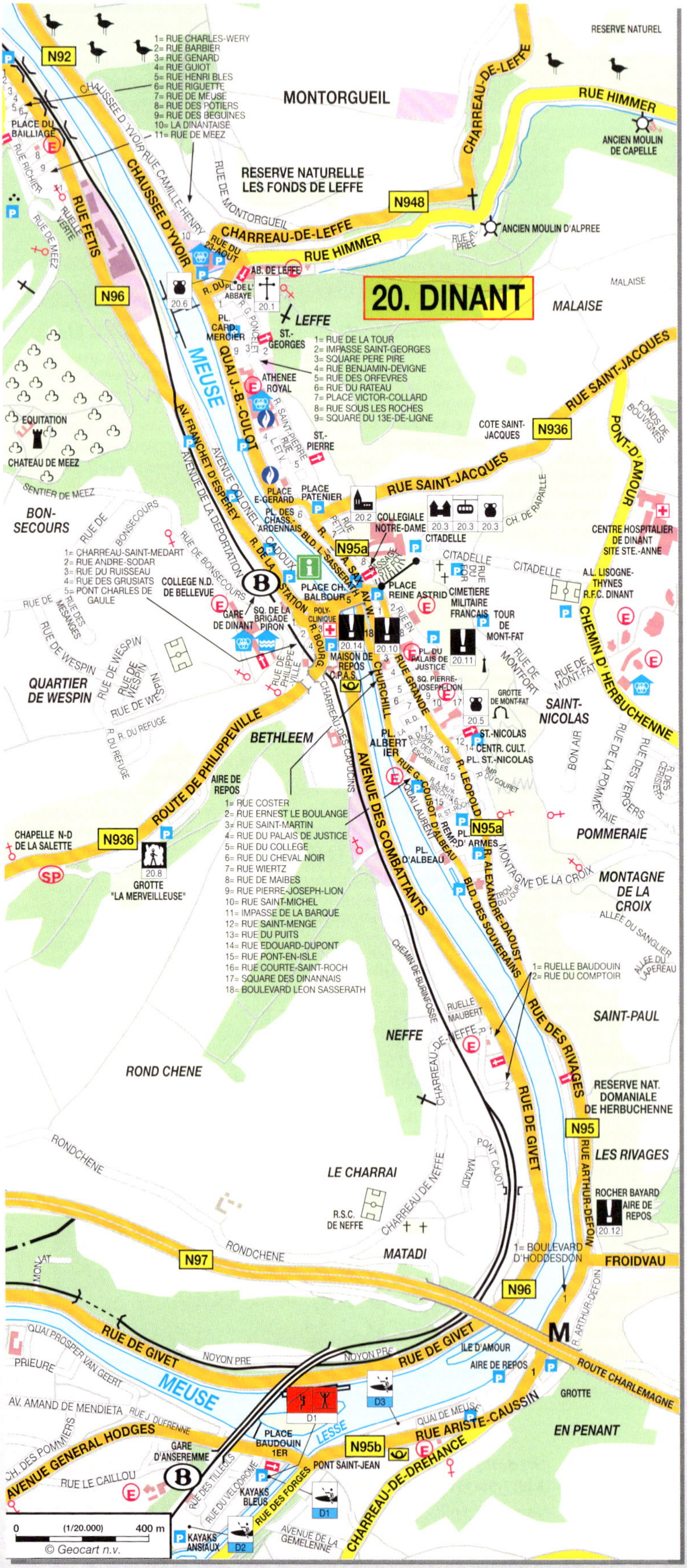
20. DINANT
MONTORGUEIL
RESERVE NATUREL
RESERVE NATURELLE LES FONDS DE LEFFE
CHARREAU-DE-LEFFE
RUE HIMMER
ANCIEN MOULIN DE CAPELLE
ANCIEN MOULIN D'ALPREE
N92
N948
N96
N936
N95a
N95
N97
N95b
1= RUE CHARLES-WERY
2= RUE BARBIER
3= RUE GENARD
4= RUE GUIOT
5= RUE HENRI BLES
6= RUE RIGUETTE
7= RUE DE MEUSE
8= RUE DES POTIERS
9= RUE DES BEGUINES
10= LA DINANTAISE
11= RUE DE MEEZ
PLACE DU BAILLIAGE
RUE FETIS
CHAUSSEE D'YVOIR
RUE CAMILLE-HENRY
RUE DE MONTORGUEIL
AB. DE LEFFE
PL. DE L'ABBAYE
PL. CARD. MERCIER
LEFFE
ST.-GEORGES
MALAISE
1= RUE DE LA TOUR
2= IMPASSE SAINT-GEORGES
3= SQUARE PERE PIRE
4= RUE BENJAMIN-DEVIGNE
5= RUE DES ORFEVRES
6= RUE DU RATEAU
7= PLACE VICTOR-COLLARD
8= RUE SOUS LES ROCHES
9= SQUARE DU 13E-DE-LIGNE
ATHENEE ROYAL
MEUSE
QUAI J.-B.-CULOT
ST.-PIERRE
EQUITATION
CHATEAU DE MEEZ
SENTIER DE MEEZ
COTE SAINT-JACQUES
RUE SAINT-JACQUES
PONT-D'AMOUR
FONDS DE BOUVIGNES
CENTRE HOSPITALIER DE DINANT SITE STE.-ANNE
PLACE E-GERARD
PLACE PATENIER
PL. DES CHASS.-ARDENNAIS
COLLEGIALE NOTRE-DAME
CITADELLE
CH. DE RAPAILLE
BON-SECOURS
AV. FRANCHET D'ESPEREY
AVENUE DE LA DEPORTATION
AVENUE COLONEL CADOUX
1= CHARREAU-SAINT-MEDART
2= RUE ANDRE-SODAR
3= RUE DU RUISSEAU
4= RUE DES GRUSIATS
5= PONT CHARLES DE GAULLE
COLLEGE N.D. DE BELLEVUE
GARE DE DINANT
SQ. DE LA BRIGADE PIRON
PLACE CH. BALBOUR
POLY-CLINIQUE
PLACE REINE ASTRID
CIMETIERE MILITAIRE FRANCAIS
TOUR DE MONT-FAT
A.L. LISOGNE-THYNES R.F.C. DINANT
CHEMIN D'HERBUCHENNE
MAISON DE REPOS C.P.A.S.
PL. DU PALAIS DE JUSTICE
SQ. PIERRE-JOSEPH-LION
GROTTE DE MONT-FAT
RUE DE MONTFORT
RUE DE MONT-FAT
SAINT-NICOLAS
QUARTIER DE WESPIN
RUE DE WESPIN
R. DU REFUGE
BETHLEEM
ROUTE DE PHILIPPEVILLE
RUE DE PHILIPPEVILLE
CHARREAU-DES-CAPUCINS
CHURCHILL
RUE GRANDE
PL. ALBERT IER
ST.-NICOLAS
CENTR. CULT.
PL. ST.-NICOLAS
BON AIR
RUE DE LA POMMERAIE
RUE DES VERGERS
R. DES CERISIERS
POMMERAIE
AIRE DE REPOS
1= RUE COSTER
2= RUE ERNEST LE BOULANGE
3= RUE SAINT-MARTIN
4= RUE DU PALAIS DE JUSTICE
5= RUE DU COLLEGE
6= RUE DU CHEVAL NOIR
7= RUE WIERTZ
8= RUE DE MAIBES
9= RUE PIERRE-JOSEPH-LION
10= RUE SAINT-MICHEL
11= IMPASSE DE LA BARQUE
12= RUE SAINT-MENGE
13= RUE DU PUITS
14= RUE EDOUARD-DUPONT
15= RUE PONT-EN-ISLE
16= RUE COURTE-SAINT-ROCH
17= SQUARE DES DINANNAIS
18= BOULEVARD LEON SASSERATH
AVENUE DES COMBATTANTS
R. LEOPOLD
PL. D'ARMES
PL. D'ALBEAU
QUAI LAURENT
BLD. DES SOUVERAINS
R. ALEXANDRE-DAOUST
MONTAGNE DE LA CROIX
ALLEE DU SANGLIER
ALLEE DU LAPEREAU
CHAPELLE N-D DE LA SALETTE
GROTTE "LA MERVEILLEUSE"
1= RUELLE BAUDOUIN
2= RUE DU COMPTOIR
SAINT-PAUL
CHEMIN DE BURNOTTE
RUELLE MAUBERT
NEFFE
CHARREAU-DE-NEFFE
RUE DES RIVAGES
RESERVE NAT. DOMANIALE DE HERBUCHENNE
ROND CHENE
RONDCHENE
LE CHARRAI
R.S.C. DE NEFFE
MATADI
RUE DE GIVET
LES RIVAGES
RUE ARTHUR-DEFOIN
ROCHER BAYARD AIRE DE REPOS
1= BOULEVARD D'HODDESDON
FROIDVAU
ILE D'AMOUR
AIRE DE REPOS
NOYON PRE
PRIEURE
QUAI PROSPER VAN GEERT
ROUTE CHARLEMAGNE
GROTTE
EN PENANT
AV. AMAND DE MENDIETA
RUE J. DUFRENNE
PLACE BAUDOUIN 1ER
LESSE
QUAI DE MEUSE
RUE ARISTE-CAUSSIN
AVENUE GENERAL HODGES
CH. DES POMMIERS
GARE D'ANSEREMME
RUE LE CAILLOU
RUE DES TILLEULS
RUE DU VELODROME
KAYAKS BLEUS
RUE DES FORGES
PONT SAINT-JEAN
CHARREAU-DE-DREHANCE
KAYAKS ANSIAUX
AVENUE DE LA GEMELENNE
0 (1/20.000) 400 m
© Geocart n.v.

Accessible par téléphérique ou à pied par un escalier de 408 marches. En exclusivité le Musée d'Armes: une collection d'armes du XIXe siècle avec un certain nombre d'éléments datant de la guerre 14-18. Exposition d'autres armes dont l'origine remonte au XVIIe et XVIIIe siècle.
Ouvert: d'avril à septembre : tous les jours de 10h à 18h
d'octobre à mars: de 10h à 16h30 et fermé le vendredi
téléphérique accessible à partir du 12 novembre (le week-end et pendant les vacances de Noël et de carnaval)

20.4 ***Musée des Crêtes Sauvages (E7),*** rue des Crétias 118b, 5500 Falmignoul - ☎ 082/74 42 36
Exposition de faune et de flore de nos régions. Petits et grands s'émerveilleront devant différents dioramas reconstituant les biotopes respectifs: insectes, papillons, oiseaux, mammifères, poissons, champignons, herbiers,...
Ouvert: tous les jours de 10h à 12h et de 14h à 18h

20.5 ***Maison de la Pataphonie (Centr.),***
rue En Rhée 51, 5500 Dinant - ☎ 082/21 39 39
Des propriétés inattendues des différents matériaux et objets.

20.6 ***Musée "Histoire de la Leffe" (Centr.),*** rue du Moulin 18, 5500 Dinant - ☎ 082/64 75 83 - www.breweryvisits.com
Une visite interactive et captivante permet de connaître l'histoire de cette bière.
Ouvert: d'avril à juin et de septembre à octobre :
week-end et jours fériés de 13h à 18h
juillet en août : tous les jours de 13h à 18h
excepté le lundi

20.7 ***Parc et Reserve Naturelle de Furfooz (F7),*** rue du Camp Romain, 5500 Furfooz - ☎ 082/22 34 77 - www.parcdefurfooz.be
Le site de Furfooz fut a occupé sans interruption depuis le Paléolithique supérieur jusqu'au Moyen Age. (Thermes romains reconstitués, plateau fortifié, vestiges romains et médiévaux, grottes, cavernes).
Ouvert: en mars : le samedi et dimanche de 10h à 17h
d'avril à octobre : tous les jours de 10h à 17h
(jusque 18h pendant l'été)

20.8 ***Grottes "La Merveilleuse" (Centr.),*** route de Philippeville 142, 5500 Dinant - ☎ 082/22 22 10 - www.dinantourism.com.
Ouvert: avril, septembre et octobre : du mardi au

dimanche de 11h à 16h
de mai à août: tous les jours de 11h à 17h
de novembre à mars : week-end, jours fériés et vacances scolaires
fermé les 24, 25 et 31 décembre et le 1er janvier

20.9 Autrucherie du Pont d'Amour (F7),
rue de Davisseau 30, 5503 Sorinnes - ☎ 082/22 28 99 - www.autrucherie-pontdamour.be
Dans la campagne dinantaise, verdoyante et calme, découvrez et côtoyez les plus grands oiseaux du monde : autruches, émeus, nandous, casoars.
Ouvert: d'avril à novembre, tous les jours de 11h à 18h
toute l'année pour les groupes sur réservation

20.10 Hôtel de Ville (Centr.), rue Grande, 5500 Dinant
1918 reconstruit avec des anciens plans (1637)

20.11 Palais de Justice (Centr.),
place du Palais de Justice, 5500 Dinant

20.12 Rocher Bayard (Centr.),
rive droite de la Meuse au Sud du centre de la ville

20.13 Viaduc Charlemagne (F7)

20.14 Les croisières en bateau-mouche vers Anseremme (Centr.),
la frontière française et vers Namur

20.15 Sanctuaire Notre-Dame de Foy (F7),
rue des Claviats 4, 5504 Foy-Notre-Dame - ☎ 082/22 23 35
Sanctuaire érigé en 1623 pour la statuette miraculeuse de Notre-Dame de Foy. Lieu de Pèlerinage.
Ouvert: toute l'année

20.16 Brasserie de Caracole (E7),
Côte Marie-Thérèse 86, 5500 Falmignoul - ☎ 082/74 40 80 - www.caracole.be.
Toutes les bières sont brassées à l'ancienne, au feu de bois, comme le faisaient les fondateurs de la brasserie au 18ème siècle.
Ouvert: juillet et août : tous les jours de 13h à 19h
le reste de l'année : le samedi de 14h à 19h
tous les jours pour les groupes, sur réservation

21. DURBUY (LUX) - J6

La Maison du Tourisme du Pays d'Ourthe & Aisne (J6) : Grand'Rue 16, 6940 Barvaux-sur-Ourthe (Durbuy) - ☎ 086/21 30 81 - www.ourthe-et-aisne.be

Syndicat d'Initiative de Durbuy (Centr.) : place aux Foires 25, 6940 Durbuy - ☎ 086/21 24 28 www.durbuyinfo.be

21.1 ***Le musée du diamant(diamantissimo) (Centr.),***
rue de la Prévôté 2, 6940 Durbuy - ☎ 086/21 31 92
Centre ardennais du diamant et de l'orfèvrerie
Ouvert: de septembre à juin: tous les jours de 11h à 18h excepté mardi et mercredi
juillet et août: tous les jours de 11h à 18h

21.2 ***Domaine de Hottemme (J6),***
rue de Heyd 58 (Tour-Heyd), 6940 Durbuy -☎ 086/21 30 11
Entouré d'un espace vert accessible au public, ce domaine rassemble plus de cinquante dioramas biorama sur base de sept thèmes pédagogiques mettant en scène mammifères, oiseaux, reptiles, batraciens et insectes.
Ouvert: Tous les jours d'avril à novembre

21.3 ***Le Centre d'Exposition (J6),*** place de la Pierre 10, 6940 Wéris - ☎ 086/21 02 19 - www.weris-info.be
Musée qui, chaque année, renouvelle ses expositions autour d'un thème précis.
Ouvert: d'avril à novembre

21.4 ***Le Musée des Mégalithes (J6),*** place Arsène Soreil 7, 6940 Wéris - ☎ 086/21 02 19 - www.weris-info.be
Ce musée réunit les informations archéologiques les plus récentes sur les cultures préhistoriques.
Ouvert: tous les jours de 10h à 17h30
fermé le 25 décembre et le 1er janvier

21.5 ***Chez Grand Père (J6),***
rue Petit-Barvaux 2, 6940 Barvaux-sur-Ourthe - ☎ 086/45 63 26 -
Plaine de jeux couverte et en plein air
Ouvert: toute l'année

21.6 ***Le labyrinthe de Barvaux-sur-Ourthe (J6),***
Info : Labytourisme, Grand Rue 16, 6940 Barvaux-sur-Ourthe - ☎ 086/21 90 42 - www.lelabyrinthe.be
Parmi les allées tracées dans les 11 ha de son champ de maïs, il vous propose de vous évader, au gré d'un nouveau thème, pendant le temps qu'il vous plaira.
De plus, à côté du grand labyrinthe, vous découvrirez le labyrinthe des portes, le labyrinthe des petits, des représentations de labyrinthes célèbres et un atelier de bricolage.
Ouvert: juillet et août: tous les jours de 10h à 19h
septembre : le week-end de 10 à 19h

21.7 ***Parc des Topiaires (Centr.),*** rue Haie Himbe 1, 6940 Durbuy - ☎ 086/21 90 75 www.topiairesdurbuy.be.
Les topiaires sont des plantes sculptées. Il y a plus de 250 figures.

Ouvert: de février à novembre: tous les jours de 10h à 17h
décembre et janvier : uniquement le week-end et pendant les vacances scolaires

21.8 ***Halle aux Blés (Centr.),*** rue du Comte Théodule d'Ursel 83, 6940 Durbuy - www.halleauxbles.be
Colombage magnifique

21.9 ***Roches de la Falize (Centr.)***
Anticlinal (éclairé le soir)

21.10 ***Belvédère (Centr.),***
Une vue superbe sur la ville, possibilité d'accès en train touristique

21.11 ***Petit train touristique (Centr.),***
rue des Crêtes 7 bis, 6940 Durbuy - ☎ 0495/82 04 73
Ce petit train fait visiter une partie de la ville et amène au point de vue sur "la plus petite ville du monde"
Ouvert: de Pâques à octobre: week-end et jours fériés
juillet et août : tous les jours
sur rendez-vous pour les groupes

21.12 ***Confiturerie Artisanale Saint-Amour (Centr.),***
rue Saint-Amour 13, 6940 Durbuy - ☎ 086/21 12 76 - www.confitureriesaintamour.be
Cuisson traditionnelle dans des bassines en cuivre. Fabrication de gelées à base de fleurs et de fruits sauvages, de confitures traditionnelles, de vinaigres aromatisés, de produits alimentaires à base de plantes.
Ouvert: tous les jours de 10h à 18h
fermé le lundi d'octobre à décembre
(sauf pendant vacances scolaires)

21.13 ***Ferme au chêne : microbrasserie "Marckloff"*** rue Comte d'Ursel 36, 6940 Durbuy - ☎ 086/21 10 67
Microbrasserie, véritable fabrique artisanale de bière.
Ouvert: tous les jours sauf le mercredi et jeudi
juillet et août: tous les jours sauf le mercredi
fermé en janvier

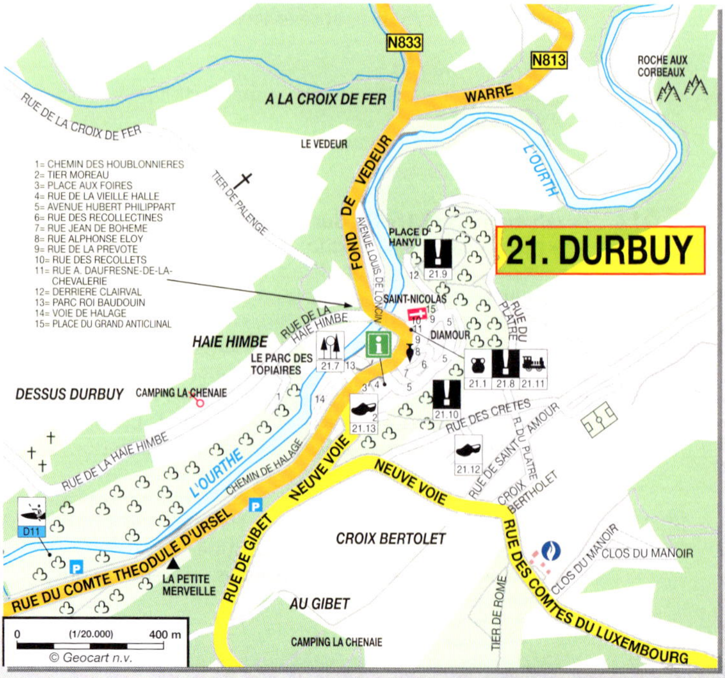

EBEN-EMAEL → BASSENGE

EMBOURG → CHAUDFONTAINE

22. EREZÉE (LUX) - J6

La Maison du Tourisme du Pays d'Ourthe & Aisne (J6) : Grand'Rue 16, 6940 Barvaux-sur-Ourthe (Durbuy) - ☎ 086/21 30 81 - www.ourthe-et-aisne.be

Syndicat d'Initiative (J6) : Gare du TTA, rue du Pont d'Erezée 1A, 6997 Erezée - ☎ 086/47 73 01 - www.erezee-info.be

22.1 ***Tramway touristique de l'Aisne (J6),*** rue du Pont d'Erezée, 6997 Erezée - ☎ 086/47 72 69 - www.tta.be
Créé en 1964 et qui exploitant une portion de l'ancienne ligne vicinale Melreux - Erezée - Manhay - Comblain-La-Tour, il a son point de départ au Pont d'Erezée. Il parcourt par autorails ou machines à vapeur, une promenade ferroviaire de 9,5 km sur la section Pont d'Erezée - Amonines - Dochamps à travers le val de l'Aisne, site sauvage inconnu et inviolé.
Ouvert: de Pâques à octobre : dimanche et jours fériés
juillet et août: tous les jours excepté le lundi

22.2 ***Brasserie artisanale Fantome (J6),***
rue Préal 8, 6997 Soy - ☎ 086/47 70 44, www.fantome.be
Dégustation de bières uniquement pour groupes et sur rendez-vous

22.3 ***Chocolaterie Defroidmont (K6),*** Briscol 19A, 6997 Erezée - ☎ 086/21 84 40 - www.chocolatier-defroidmont.be.
Espace didactique et dégustation de chocolat.
Ouvert: du mardi au samedi de 10h à 17h et le dimanche de 10h à 16h
juillet et août: tous les jours
sur rendez-vous pour les groupes

23. ESNEUX (LIE) - J3

Maison du Tourisme d'Ourthe-Amblève (K-L4), rue de Louveigné 3, 4920 Sougné-Remouchamps - ☎ 043/84 35 44 - www.ourthe-ambleve.be

23.1 ***Musée de l'Abeille (J-K3),*** Esplanade de l'Abeille 11, 4130 Tilff - ☎ 043/88 22 63
Installé dans l'ancienne grange de la ferme du château de Tilff. La première section du musée est une exposition d'objets anciens et modernes utilisés en apiculture et d'instruments d'origine étrangère.
La deuxième section : deux ruches vitrées permettent d'observer le travail des abeilles.
Ouvert: avril, mai, juin et septembre: week-end et jours fériés de 14h à 18h
juillet et août: tous les jours de 10h à 12h et de 14h à 18h
toute l'année pour les groupes, sur rendez-vous

23.2 *"Prés de Tilff" (K3),* Chemin du Halage 57, 4130 Tilff - ☎ 043/60 04 04
Un centre de loisirs avec en plus diverses activités d'extérieur comme une vaste piscine, une plaine de jeux, un circuit pour karts électriques, ... Les Prés de Tilff proposent également de nombreuses activités d'intérieurs pour les enfants (plaine de jeux indoor, jeux électroniques, ...)
Ouvert: tous les jours de 10h à 19h
actuellement fermé pour cause de travaux

24. EUPEN (LIE) - N2

Maison du Tourisme des Cantons de l'Est (N5), place Albert 1er 29a, 4960 Malmedy - ☎ 080/33 02 50 - www.eastbelgium.com

Maison du Tourisme (Centr.) : Marktplatz 7, 4700 Eupen - ☎ 087/55 34 50 - www.eupen-info.be

24.1 *Eglise de l'Immaculée Conception (Centr.),*
Rathausplatz, 4700 Eupen - église du couvent

24.2 *Eglise Saint-Nicolas (N2) (Centr.),*
place du Marché,4700 Eupen
1721-1726. rénovée en 1897. Maître-autel baroque.

24.3 *Centre Nature Ternell - Musée de la Forêt (O3),*
Maison Ternell, Ternell 2-3, 4700 Eupen - ☎ 087/55 23 13 - www.ternell.be

Ancienne maison forestière (1770). Faune et Flore des Hautes Fagnes.
Ouvert: du lundi au vendredi de 9h à 12h et de 13h à 17h
week-end et jours de fête de 10h à 17h

24.4 ***Musée de la Ville d'Eupen,*** Judenstraße 88, 4700 Eupen - ☎ 087/74 00 05 - www.eupener-stadtmuseum.be.
Histoire de la ville, mode, tenues carnavalesques, atelier d'orfèvre.
Ouvert: sur rendez-vous pour les groupes
fermé à carnaval et de Noël à Nouvel An.

24.5 ***Chocolaterie Jacques (N2) - Musée du Chocolat,*** rue de l'Industrie 16, 4700 Eupen - ☎ 087/59 29 67 - www.chocojacques.be.
Visite de l'Usine et du Musée du Chocolat
Ouvert: du lundi au vendredi de 9h à 17h
fermé le week-end et les jours fériés

24.6 ***Barrage et Lac (N3).***
Construit sur la confluence de la Vesdre et de la Getzbach. Belvédère.

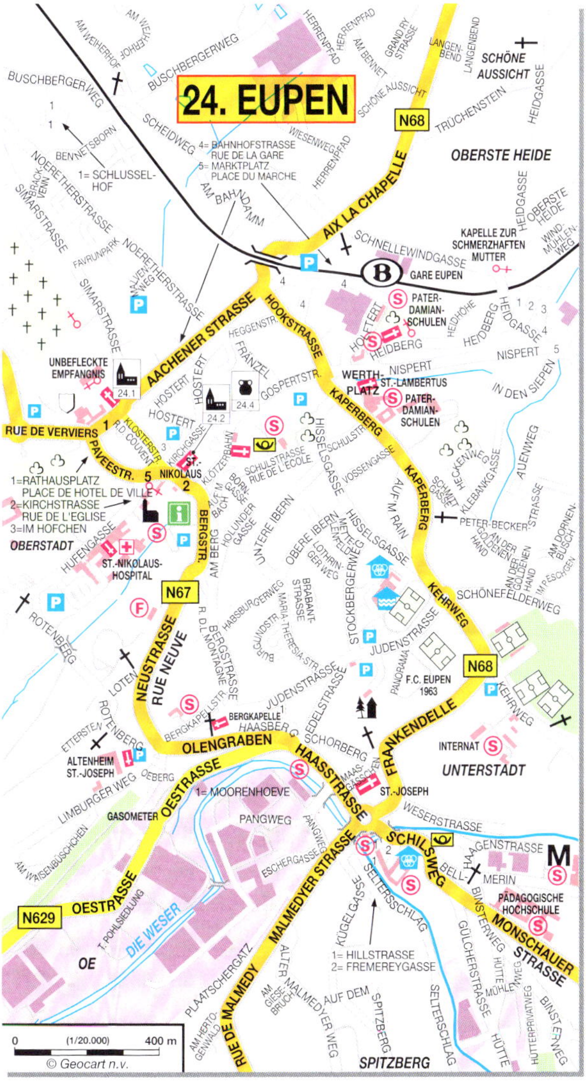

FALAEN → ONHAYE

FALMIGNOUL → DINANT

25. FERNELMONT (NAM) - F3

Maison du Tourisme du Pays de Namur (Centr. Namur Info 2 p. 99), square Léopold, 5000 Namur - ☎ 081/24 64 49 - www.paysdenamur.be

Syndicat d'Initiative de Fernelmont (F3), rue des Combattants 46, 5380 Noville-les-Bois (Fernelmont) - ☎ 081/83 42 22 - www.fernelmont.be

25.1 ***Château de Fernelmont (F3),*** rue des Combattants 77, 5380 Noville-les-Bois (Fernelmont) - ☎ 081/83 42 22

Ce château a été construit en 5 étapes à partir de 1300. On peut y admirer un donjon-porche médiéval qui fut un moyen de protection et de dissuasion. La seconde partie du château fut érigée aux XVIe et XVIIe siècle.
Ouvert: le dimanche de 14h30 à 18h
sur rendez-vous pour les groupes ou individuels

25.2 ***Château de Franc-Waret (F4),*** rue du Village 50, 5380 Franc-Waret - ☎ 0477/89 20 35 - www.franc-waret.com.
Demeure de style classique Louis-XV où on peut admirer des tapisseries de Bruxelles du XVIIe siècle. Mobilier français et hollandais des XVIIIe et XIXe siècle, peintures flamandes et hollandaises dex XVIIe, XVIIIe et XIXe siècle.
Ouvert: visites guidées pour les groupes toute l'année sur réservation

25.3 ***Jardins-Nature de Franc-Waret (F4),***
5380 Franc-Waret - ☎ 081/83 33 22
Dans un cadre prestigieux, 12 jardins à thème : aromatiques, aquatiques, de cottage, des géants etc. ... A reproduire chez soi avec les conseils adéquats de spécialistes.
Ouvert: du 1er avril au 31 octobre
fermé le lundi sauf les jours fériés

25B. FERRIÈRES (LIE) - K5

Maison du Tourisme du Pays de l'Ourthe et de l'Amblève (K-L4), rue de Louveigné 3, 4920 Sougné-Remouchamps - ☎ 043/84 35 44 - www.ourthe-ambleve.be

25b.1 ***Les ruines du château-fort de Logne et le musée archéologique du comté de Logne (J5),***
rue de la Bouverie 1, 4190 Vieuxville - ☎ 086/21 20 33 - www.palogne.be

Un des plus beaux châteaux forts de la vallée de l'Ourthe où on peut découvrir le Moyen Age.
Ouvert: d'avril à octobre : les week-end et jours fériés de 13h à 18h
juillet et août: tous les jours de 11h à 18h

25b.2 ***Musée du Jouet (K5),*** rue de Lognoûl 6, 4190 Ferrières - ☎ 086/40 08 23. - www.museedujouet.info
Plus de 1.000 jouets de la fin du XIXe siècle à 1950.
Ouvert: week-end, jours fériés et vacances scolaires de 14h30 à 17h30
toute l'année sur rendez-vous pour les groupess

25b.3 ***Domaine de Palogne (J5),*** rue de la Bouverie, 4190 Ferrières - ☎ 086/21 20 33 www.palogne.be.
Centre Récréatif: plaine de jeux, terrain de sport, promenades, mini-golf, tennis, baignade en rivière, location de V.T.T.
Ouvert: juillet et août: tous les jours
d'avril à octobre: week-end et jours fériés

26. FLOREFFE (NAM) - D5

Maison du Tourisme du Pays de Namur (Centr. Namur, Info 2, p. 111), square Léopold, 5000 Namur - ☎ 081/24 64 49 - www.paysdenamur.be

Office du Tourisme de Floreffe (D-E5), rue Emile Romedenne 9, 5150 Floreffe - ☎ 081/44 71 19 - www.floreffe.be

26.1 ***Abbaye et moulin-brasserie (D5),*** Asbl Ass. des Anciens, rue du Séminaire 7, 5150 Floreffe - ☎ 081/44 53 03 - www.abbaye-de-floreffe.be

L'Abbaye fondée en 1121, constitue un des plus importants ensemble architectural de notre région.
Ouvert: tous les jours d'avril à septembre
visites sur rendez-vous pour les groupes

26B. FLORENVILLE (LUX) - H13

Maison du Tourisme du Pays de la Semois entre Ardenne et Gaume (I13), esplanade du Panorama 1, 6820 Florenville - ☎ 061/31 12 29 - www.semois-tourisme.be

Syndicat d'Initiative de Chassepierre (H13), rue du Breux 3, 6824 Chassepierre (Florenville) - ☎ 061/31 24 74

26b.1 ***Abbaye Notre-Dame d'Orval (I14)*** - Orval 2, 6823 Villers-Devant-Orval - ☎ 061/31 12 61 - www.orval.be
Visite des ruines : elle comporte un montage audiovisuel sur l'histoire du monastère et la vie de la communauté (+/- 20 min.), la visite des ruines de l'abbaye médiévale, le musée aménagé dans les fondations du XVIIIe siècle, le musée pharmaceutique et le jardin des plantes médicinales. A certaines périodes, s'y ajoute une exposition dans la grande salle du bâtiment d'accueil médiéval.
Ouvert: toute l'année

26b.2 *Eglise Notre-Dame de l'Assomption (I13),*
rue de l'Eglise, 6820 Florenville
Son clocher renferme un carillon de 48 cloches. Du haut de sa tour - belvédère (50m. - 220 marches), par temps clair, on peut admirer un vaste panorama.
Ouvert: juillet et août
le reste de l'année sur rendez-vous pour les groupes

26b.3 *Le site du Vieux Moulin (H13),*
(classé), ruines aménagées et restaurées depuis 1991, 6824 Chassepierre

FOY-NOTRE-DAME → DINANT

FREYR → HASTIERE

27. FROIDCHAPELLE (HAI) - A8

Maison du Tourisme de la Botte du Hainaut (A9), rue de Noailles 6, 6460 Chimay - ☎ 060/21 98 84 - www.botteduhainaut.com

27.1 ***Piscine Aquacentre,*** rue du Bois du Four (B8), 6440 Froidchapelle - ☎ 071/63 10 63 - www.vert-marine.com.
Se trouve aux bords des lacs, des piscines couvertes et en plein air, des toboggans etc.

27.2 ***Les Lacs de l'Eau d'Heure (B8),*** Centre d'accueil de la Plate Taille, 6440 Boussu-lez-Walcourt (Froidchapelle) - ☎ 071/50 92 92 - www.lacsdeleaudheure.be

plusieurs attractions :
* plains de jeux
* mini-golf
* pédalos
* visite guidée du barrage
* aquariums
* train touristique (d'avril à septembre)
* ...

Voir aussi 14.2 Cerfontaine

FRONVILLE → HOTTON

FURFOOZ → DINANT

28. GEMBLOUX (NAM) - D3

Maison du Tourisme du Sambre-Orneau (D3), rue Sigebert 3, 5030 Gembloux - ☎ 081/62 69 66 - www.sambre-orneau.com

28.1 ***Ancienne abbaye bénédictine (D3-4),***
Passage des Déportés 2, 5030 Gemboux. ☎ 081/62 69 60
La faculté universitaire des sciences agronomiques se trouve sur le domaine de l'ancienne abbaye bénédictine.
Cette abbaye ne peut être visitée que par des groupes d'au moins 20 personnes.

28.2 ***Château de Corroy (D4),*** (1270) rue du Château de Corroy 4, 5032 Corroy-le-Château - ☎ 081/63 32 32
Le château de Corroy, construit vers 1270 par le comte de Vianden, est un exemple unique de l'architecture du 13ième siècle, et est encore toujours habité. Décor magnifique à l'intérieur du château, avec de nombreuses œuvres d'art.
Ouvert: de mai à septembre : le dimanche et jours fériés
juillet et août : le samedi, dimanche et jours fériés

28.3 ***Château de Petit-Leez (E3),*** rue de Petit-Leez 129, 5031 Grand-Leez - ☎ 081/64 08 66 - www.chateaupetitleez.com
Date de 1618. Actuellement, la Gallerie Dieleman.
Ouvert: les samedis et dimanche de 10 à 18h
visites sur rendez-vous

28.4 ***Moulin Defrenne (E3),*** rue du Moulin à Vent 38, 5031 Grand-Leez - ☎ 081/64 07 50 - ☎ 0474/66 68 24
Date de 1830, classé depuis 1962. Ce moulin à vent est le dernier moulin en service de la province de Namur.Au début ce moulin était mis en marche par le vent, puis par la vapeur, le gaz et maintenant l'électricité.

29. GESVES (NAM) - G5

Maison du Tourisme du Pays de Namur (Centr. Namur, info 2 p. 99), square Leopold, 5000 Namur - ☎ 081/24 64 49 - www.mtpn.be

Syndicat d'Initiative de Gesves (G5), rue de Jausse 31, 5340 Faulx-Les Tombes - ☎ 081/58 85 45 - ☎ 0496/29 75 84 www.gesves-tourisme.be

29.1 ***Grottes et cavernes préhistoriques de Goyet (F5),*** rue de Strouvia 3, 5340 Gesves/Goyet - ☎ 081/58 85 45 - www.grottesgoyet.be
En suivant l'ancien cours d'une rivière souterraine on peut découvrir les grottes sauvages et mystérieuses, dans lesquelles nos ancêtres vivaient. Dans le musée on peut apprendre où les ours hibernaient. Exposition des os des animaux de la dernière période glaciaire.
Ouvert: uniquement visites guidées les 1e week-end du mois à 14h

GRAND-HALLEUX ➔ VIELSALM

GRAND-LEEZ ➔ GEMBLOUX

HAN-SUR-LESSE ➔ ROCHEFORT

HARZE ➔ AYWAILLE

30. HASTIÈRE (NAM) - E7

Maison du Tourisme du Pays de la Haute-Meuse Dinantaise (Centr. Dinant p. 56), avenue Cadoux 8, 5500 Dinant - ☎ 082/22 28 70 - www.dinant-tourisme.be

Office du Tourisme (E7), rue Marcel l'Espagne 27, 5540 Hastière - ☎ 082/64 44 34 - www.hastiere.be

30.1 *Château et Jardins de Freyr (E7),*
Freyr 12, 5540 Hastière -
☎ 082/22 22 00 - www.freyr.be.
Une maison magnifique en style renaissance, avec un intérieur raffiné et cosmopolite. Jardins classiques de styles différents.

30.2 ***Musée Train Miniature Haute Meuse (E8),*** rue de France 42, 5540 Heer-Agimont - ☎ 082/21 98 28.

Notre région a connu au cours du XXe siècle un trafic ferroviaire important découlant d'une activité économique florissante. Le TMHM (Train Miniature Haute Meuse) s'emploie à faire revivre ce passé glorieux au travers du 'petit train' et du modélisme.

Ouvert: les samedis et dimanches du 1e mai au 1e week-end de septembre, de 14 à 18h
toutes les vacances scolaires, de 14 à 18h
visites également sur rendez-vous

30.3 ***Musée du Viel Outil (E7),*** rue Marcel Lespagne 70, 5540 Hastière-Lavaux -☎ 082/64 46 22 - ☎ 0474/42 39 99 - www.patrimoinehastiere.be

Ouvert: entre le 1er mai et le 1er octobre : les samedis, dimanches et jours fériés de 14h à 18h. En dehors de ces dates et toute l'année: sur rendez-vous.

HEER-AGIMONT → HASTIERE

31. HERBEUMONT (LUX) - H12

Maison du Tourisme du Pays de la Semois entre Ardenne et Gaume (I13), Esplanade du Panorama 1, 6820 Florenville - www.semois-tourisme.be - ☎ 061/31 12 29

Syndicat d'Initiative de Herbeumont (H12), avenue des Combattants 7, 6887 Herbeumont - ☎ 061/41 24 12

31.1 ***La Chapelle Saint-Roch de Herbeumont (H12),*** 6887 Herbeumont

La chapelle Saint-Roch date du XVIIe siècle. Elle fut érigée pour implorer le saint alors qu'une épidémie de peste ravageait la région (1635).

31.2 ***Ruines classées du château fort (H12),*** 6887 Herbeumont
Edifié au XIIe siècle, le château fut canonné et détruit sur l'ordre de Louis XIV en 1658.

32. HOTTON (LUX) - J7

Maison du Tourisme du Pays d'Ourthe & Aisne (J6), Grand'Rue 16, 6940 Barvaux-sur-Ourthe (Durbuy) ☎ 086/21 30 81 - www.ourthe-et-aisne.be

Royal Syndicat d'Initiative (J7) : rue Haute 4, 6990 Hotton - ☎ 084/46 61 22 - www.si-hotton.be

32.1 Château de Deulin (I6), 6990 Fronville (Hotton) - ☎ 084/46 6616
Ce château est construit en 1760 par la famille de Harlez à qui il appartient toujours. La château et l'arboretum sont ouverts au public lors d'activités diverses telles que les expositions florales, foires aux antiquités, concerts dans la chapelle baroque du XVIIIe siècle et la cour d'honneur.

32.2 ***Chateau-ferme de Ny (J6),*** rue de Longchamps 3, 6990 Ny (Hotton) ☎ 084/46 76 22 - www.nyx.be
(1669). Spectacles de théâtre, shows spectaculaires avec des chevaux, rapaces, dragons, arbres parlants, combattants courageux, cascadeurs etc.

32.3 ***Centre d'interprétation de la rivière (J7),*** rue Haute 4, 6990 Hotton - ☎ 084/41 35 71 - www.riveo.be
Le centre d'interprétation de la rivière (CIR) de Hotton propose des actions et manifestations de sensibilisation, du grand public et des touristes, à la rivière, vulgarise des informations scientifiques, anime des stages, calorise et utilise la pêche comme outil de découverte et de sensibilisation à la faune aquatique, ..

32.4 ***Grottes de Hotton (J7) (Grottes des 1001 nuits),***
chemin du spéléoclub 1,6990 Hotton - ☎ 084/46 60 46 - www.grottesdehotton.com
Le visiteur descend à 65 m dans la plus grande galerie en Belgique (200 m de long et 35 m de haut).
Ouvert: dePâquesàToussaint(visiteenfonctiondel'affluence
tous les jours de 10 à 17h (18h en juillet et août)
dernier départ: 16h (17h en juillet et août)
de Toussaint à Pâques (visites à heures fixes)
tous les week-end visite à 12h30, 14h et 15h30
vacances de Noël et de Carnaval visite tous les jours à 11h, 12h30, 14h et 15h30

32.5 ***Musee Moulin Faber,***
rue Haute, 6990 Hotton - ☎ 084/46 61 22
Ce moulin date de 1729 et a été classé en 1948. Pour le plaisir des visiteurs, le moulin à eau fonctionne encore.

32.6 ***Kiosque de Hotton (J6),*** rue Haute, 6990 Hotton
A la pointe de l'île de l'Oneux, le kiosque de la fanfare royale "les joyeux travailleurs" apporte une note musicale au paysage.

33. HOUYET (NAM) - F8

Maison du Tourisme du Val de Lesse Beauraing - Houyet - Rochefort (H8), rue de Behogne 5, 5580 Rochefort - ☎ 084/34 51 72 - www.valdelesse.be

Office de Tourisme de Houyet (F8), rue de la Station 21A, 5560 Houyet - ☎ 082/22 32 14 - www.houyet.be

33.1 ***Château féodal de Vêves (F7),*** Rue de Furfooz 5, 5561 Celles - Houyet - ☎ 082/66 63 95 - www.chateau-de-veves.be
Le château de Vêves, érigé au XIIIème siècle par les Sires de Beaufort, nous apparaît aujourd'hui tel le témoin vivant et harmonieux des siècles passés. En découvrant ses cinq magnifiques tours, sa remarquable galerie à colombage (XVIe siècle) ainsi que ses appartements entièrement meublés, le visiteur se prendra au charme d'une atmosphère raffinée : mobilier du XVIIIe siècle, porcelaines rares, souvenirs historiques et tableaux.

33.2 ***Ecomusée "La Besace" (G8),*** rue du Château 36, 5564 Wanlin
☎ 082/66 69 65 - ☎ 0478/95 32 83
Pour revivre quelques moments de notre passé :
* une demeure de XIXe siècle (1850...)
* Le mode de vie d'une région de Famenne au sol particulièrement pauvre
* une fermette d'époque (avec ses animaux "classiques")
* l'artisanat du bois, de la terre
* crêperie
* cuisine du terroir (le dimanche sur réservation)

34. HUY (LIE) - H4

Maison du Tourisme de Huy-Meuse-Condroz (Centr.), quai de Namur 1, 4500 Huy - ☎ 085/21 29 15 - www.pays-de-huy.be

34.1 ***Eglise Saint-Mengold (Centr.),*** place Verte, 4500 Huy.
Date de 1108, plusieurs fois transformée. Maintenant salle d'exposition.

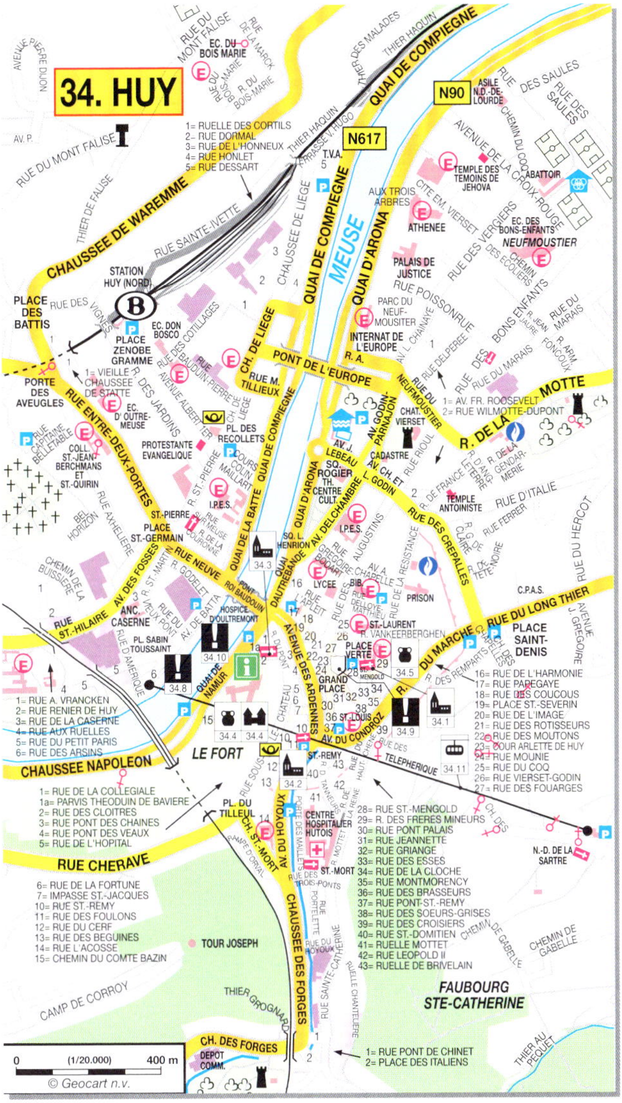

34.2 ***Eglise/kerk Sint-Rémy (Centr.),*** rue Saint-Rémy, 4500 Huy

34.3 ***Trésor de la Collégiale Notre-Dame (Centr.),*** parvis Théoduin de Bavière, 4500 Huy - ☎ 085/21 20 05
L'édifice gothique actuel a été bâti entre 1311 et 1536. Il constitue l'un des plus remarquables monuments d'architecture mosane. Une grande rosace éclaire la tour. En sous-sol se trouve la crypte romane (1066). Elle abrite un exceptionnel trésor d'art religieux.

34.4 ***Fort Militaire et Musée des Camps et de la Résistance*** *(Centr.),* chaussée Napoléon, 4500 Huy - ☎ 085/21 53 34
Le fort de Huy date de 1818. En 1914, il servait de camp de discipline allemand et, en 1940, il devint prison militaire. Il renferme le musée des camps de concentration et de la résistance.

34.5 ***Musée Communal (Centr.),***
rue Vankeerberghen 20, 4500 Huy - ☎ 085/23 24 35
Ancien Couvent des Frères Mineurs. Aspects différents et l'histoire de Huy :art religieux, monnaie, sceaux, folklore etc.

34.6 ***Musée de Tihange - histoire et patrimoine (H4),*** rue du Centre 19,4500 Tihange - ☎ 085/21 41 38 - ☎ 085/21 66 00 - www.musee-tihange.com
On y trouve des outils, des objets, de maquettes, .. relatifs aux thèmes abordés dans chacune des 6 salles.
Ouvert: premier dimanche du mois d'avril à octobre, de 13 à 18h pendant les Journées du Patrimoine (IIe week-end de septembre), le samedi de 13 à 18h et le dimanche de 11h à 18h

34.7 ***Parc de Récréation "Mont Mosan" (H4),*** Plaine de la Sartre, 4500 Huy - ☎ 085/23 29 96, www.montmosan.be.
Jardin d'enfants avec les spectacles de phoques.

34.8 ***Maison de Batta (Centr.),***
avenue de Batta 5, 4500 Huy - ☎ 085/25 18 91
Rive gauche.1985. Influence de la Renaissance française et italienne. Ancien refuge de l'abbaye de Val Saint-Lambert. La Maison Batta, aujour'hui propriété privée, est un restaurant.

34.9 ***Hôtel de Ville (Centr.),***
Grand Place 1, 4500 Huy. - ☎ 085/21 78 21
Date de 1766. Style liègeois typique.

34.10 ***Croisières touristiques sur la Meuse (Centr.).***
Embarcadère : au pied du fort, Port Neuve Voie (rive droite) van het fort, Port Neuve Voie (rechteroever)

34.11 ***Le téléphérique (Centr.),*** rive gauche de la Meuse, 4500 Huy. - ☎ 085/21 18 82
Le téléphérique de Huy est à nouveau en fonction. Il offre une vue remarquable sur la ville de Huy et ses environs proches avec un survol au dessus du fort.
Départ: rive gauchte entre la Maison Batta et le Pont de fer
Arrivée: Plaine de la Sarte.
Arrêt possible au Fort de Huy lors du trajet retour.

JANNEE → CINEY

JEHAY → AMAY

JEMELLE → ROCHEFORT

35. JEMEPPE-SUR-SAMBRE (NAM) - D4

Maison du Tourisme Sambre-Orneau (D3), rue Sigebert 3, 5030 Gemboux - ☎ 081/62 69 66-68 - www.sambre-orneau.com

35.1 ***Chevrerie de Mielmont (D4),*** rue de Mielmont 1, 5190 Onoz
☎ 081/43 45 33 - ☎ 0497/45 51 83 - www.chevrerie.be
Elevage de chèvres et fromagerie artisanale. Magasin de produits fins.
Ouvert: lundi, mercredi et vendredi, de 10 à 18h30
samedi, de 9 à 17h et dimanche, de 10 à 12h

35.2 ***Grotte de l'homme de Spy (D4),*** rue de Rosevaux, 5190 Spy - ☎ 071/74 53 28 - http://users.swings.be/grottedespy
En 1886, on y découvrit un lot exceptionnel d'ossements : l'Homme de Néanderthal.
Ouvert: visites de mars à juillet chaque premier dimanche du mois à 14h30

36. LA ROCHE-EN-ARDENNE (LUX) - K8

Maison du Tourisme du Pays d'Houffalize - La Roche-en-Ardenne (Centr.): place du Marché 15, 6980 La Roche-en-Ardenne - ☎ 084/36 77 36 - www.coeurdelardenne.be

Syndicat d'Initiative (Centr.) : place du Marché 15, 6980 La Roche-en-Ardenne - ☎ 084/36 77 36 - www.la-roche-tourisme.com

36.1 ***La Chapelle Sainte Marguerite (Centr.),*** 6980 La Roche
Elle a été construite en 1600 près de l'emplacement d'un ermitage. La chapelle abritait la statue de Notre-Dame de la Douleur et la statue de Sainte Marguerite. Malheureusement, ces statues ont été volées en décembre 1973. Sainte Marguerite était invoquée par les femmes enceintes "pour une heureuse délivrance".

36.2 ***Ruines du Château féodal (Centr.),*** rue du Vieux Château 4, 6980 La Roche - ☎ 084/41 13 42 - www.chateaudelaroche.be

Il s'agit d'un château féodal datant du XIXe siècle. Bâti sur le rocher escarpé qui domine la ville. Les tours, les meurtières et les oubliettes vous restituent l'ambiance médiévale.
Ouvert: en juillet et août, de 10 à 18h30
en avril, mai, juin, septembre et octobre, de 11 à 17h
du 1er novembre au 1er avril: en semaine, de 13 à 16h

36.3 ***Musée de la Meunerie (K8),*** Petite Strument 62, 6980 La Roche - ☎ 084/41 13 80 - ☎ 084/41 15 07 - www.strument.com
Moulin à eau du 19e siècle constituant un témoignage vivant et exceptionnel du patrimoine ardennais.
Ouvert: de mars à décembre et congés scolaires: tous les jours, de 10 à 18h
janvier et février: les week-ends de 10 à 18h

36.4 *"Les Grès de la Roche - Terroir et Traditions" (Centr.),*
rue Rompré 28, 6980 La Roche - ☎ 084/41 18 78 - www.gresdelaroche.be
De la terre à la table, découvrez au travers d'une mise en scène moderne l'usage des grès au fils des siècles.
Unique: l'atelier du potier. Egalement: animation multimedia sur l'histoire du jambon d'Ardenne.

36.5 *Musée de la Bataille des Ardennes à la Roche (Centr.),*
rue Châmont 5, 6980 La Roche - ☎ 084/41 17 25 - www.batarden.be
Les rudes combats pendant la Bataille des Ardennes, décembre 1944, ont détruit presque 90 % de la ville de La Roche. Beaucoup d'habitants ont été blessés, 114 sont morts.
Ouvert: d'avril à octobre : tous les jours de 10 à 17h
novembre, décembre, février et mars :
les week-ends, de 11 à 17h
congés scolaires de 11 à 17h

36.6 *Le Parc à Gibier (K7),* Plateau de Deister 1, 6980 La Roche-en-Ardenne - ☎ 084/31 10 15 - ☎ 0497/38 10 15 - www.parcagibierlaroche.be
Situé à 2 km du centre de la ville. Durant un parcours vous pourrez observer des cerfs, biches, daims, mouflons, renards, loups, lynx, ... et les animaux de la ferme. Egalement cafétéria et plaine de jeux.
Ouvert: de Pâques à début novembre, tous les jours de 10 à 17h, de début novembre à Pâques, les week-ends et congés scolaires de 10 à 17h
juillet et août de 10 à 19h

36.7 *Le Belvédère du Deister (Centr.),*
le long de la promenade N°4 - 6980 La Roche
A côté de la petite chapelle Sainte-Marguerite se trouve le belvédère, à partir duquel on a une vue panoramique extraordinaire.

36.8 *Char américain (Centr.),*
parking Quai de l'Ourthe, 6980 La Roche
Un char américain, Sherman M4A1, avec canon de 76 mm. Il rend hommage aux 2ème et 3ème division blindées américaines et à leurs unités attachées qui arrêtèrent l'envahisseur allemand en décembre 1944 et libérèrent la ville de La Roche et ses villages en janvier lors de la Bataille des Ardennes.

36.9 *Char britannique (Centr.),*
parking en face de l'hôtel du Chalet, 6980 La Roche
ACHILLES Anti Tank SP 17. Tank Destroyer M10 équipé du canon britannique de 17 livres, utilisé par l'armée britannique à partir de 1944. Ce char rend hommage au 1er Northamptonshire Yeomanry qui a soutenu la 51ème Division Highland (Black Watch) lors de la contre-offensive de la Batailles des Ardennes. Il symbolise la libération de la ville par les britanniques, le 11 janvier 1945.

36.10 *Ardenne - Aventures (Centr.)***,**
rue de l'Eglise 35 - 6980 La Roche en Ardenne - ☎ 084/41 19 00 - www.ardenne-aventures.be
Kayak (3 niveaux), rafting (recommandée dans la période de novembre à avril en groupes de 5 à 10 personnes - 2 niveaux), VTT, Paintball, Oasis (activités aquatiques pour tous les âges - de mai à septembre), 4x4 Old School, accrobranche, via Ferrata, équitation, château et nature.

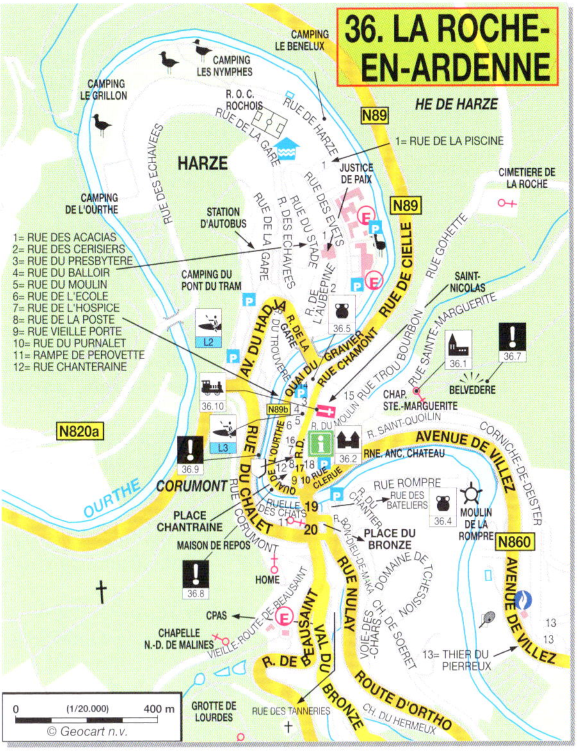

LATOUR ➜ VIRTON

LAVAUX-SAINTE-ANNE ➜ ROCHEFORT

37. LIBIN (LUX) - H10

Maison du Tourisme du Pays de la Haute-Lesse (G-H10), place de l'Esro 60, 6890 Redu (Libin) - ☎ 061/65 66 99 - www.haute-lesse-tourisme.be

37.1 Redu, village du livre avec un grand nombre de librairies et des artisans du livre - Musée des imprimés en Luxembourg (H10), rue de Saint-Hubert 14, 6890 Redu - ☎ 061/65 62 28

Le musée retrace l'histoire de l'imprimerie dans la province de Luxembourg.

Ouvert: toute l'année sauf le mardi (hors saison) pour groupes uniquement et sur rendez-vous; fermé en janvier sauf les week-ends. Visite commentée pour les groupes scolaires avec un aperçu de l'histoire du livre.

Ouvert: du mercredi au lundi, de 10 à 18h

37.2 Euro Space Center (H9-10), rue Devant les Hêtres 1, 6890 Transinne ☎ 061/65 64 65 - www.eurospacecenter.be
Un parcours-spectacle multisensoriel où l'immensité spatiale prend vie et forme grâce à la magie de la lumière des couleurs, des sons et des projections d'images.

38. LIEGE (LIE) - K2

(Info 1) Fédération du Tourisme de la Province de Liège (Centr.) : boulevard de la Sauvenière 77, 4000 Liège - ☎ 042/37 95 26 - www.provincedeliege.be

(Info 2) Maison du Tourisme du Pays de Liège (Centr.) : place Saint-Lambert 32-35, 4000 Liège - ☎ 042/37 92 92 - www.mtpaysdeliege.be

(Info 3) Office du Tourisme (Centr.) : Féronstrée 92, 4000 Liège - ☎ 042/21 92 21 - www.liege.be/tourisme

38.1 *Cathédrale Saint-Paul et trésor (Centr.),*
place de la Cathédrale, 4000 Liège - www.cathedraledeliege.be
Ancienne collégiale élevée au rang de cathédrale après le concordat de 1801; fondée au Xe siècle, reconstruite du XIIIe au XVe siècle, restaurée au milieu du siècle dernier. Simplicité et harmonie de la nef et du chœur des XIVe siècles, cloîtres des XVe et XVIe siècles.
Remarquable : Vitraux du XVe siècle, Christ gisant de Del Cour, exceptionnel ensemble mobilier du XIXe siècle et Trésor de la Cathédrale : ivoires du XIe siècle, buste reliquaire de Saint Lambert, reliquaire en or offert par Charles le Téméraire, orfèvreries.
Réserves du Musée d'Art Religieux et d'Art Mosan.

38.2 *Eglise Saint-Jacques (Centr.),*
place Saint-Jacques, 4000 Liège - Info : ☎ 042/22 14 41 - www.fabrice-muller.be

De l'église abbatiale bénédictine fondée au XIe siècle subsiste le massif occidental en grès houiller (XIIe siècle). Chœur commencé en 1418 et terminé avec le vaisseau en gothique flamboyant (1538), À ne pas rater: la nef, véritable dentelle de pierre, la voûte, avec son réseau de nervures et ses médaillons, les stalles du XIVe siècle, le buffet d'orgues renaissance, le fameux vitrail des Métiers (XVIe siècle), les statues baroques de Del Cour et de son école, le couronnement de la Vierge (XVIe siècle).

Ouvert: du lundi au vendredi de 10 à 12h
du 1er mars au 31 octobre, des guides bénévoles vous accueillent du lundi au vendredi de 10 à 12h et de 14 à 18h (17h en mars et octobre) : samedi de 10 à 12h et de 14 à 16h30: dimanche de 14 à 18h (17h en mars et octobre)

38.3 *Église Saint-Jean l'Évangéliste (Centr.),*
place Xavier-Neujean, 4000 Liège - Info : ☎ 0474/49 36 86
Ancienne collégiale, fondée au Xe siècle, sur le modèle du Dôme carolingien d'Aix-la-Chapelle, Rotonde, chapelles latérales et chœur reconstruits entre 1754 et 1760. À ne pas rater: trois statues de la première moitié du XIIIe siècle.

Ouvert: vacances de Pâques et semaine qui précède, ainsi que du 15/06 au 22/09, lundi, mardi, mercredi, vendredi et samedi de 10 à 12h et de 14 à 17h ; jeudi de 14 à 17h et dimanche de 14 à 17h30

38.4 *Basilique Saint-Martin (Centr.),* Mont Saint-Martin 66, 4000 Liège - Info : ☎ 04/223 27 03

Ancienne collégiale fondée au Xe siècle et incendiée en 1312. Chœur et vaisseau gothiques du XVIe siècle. La tour carrée fut achevée vers 1410. C'est dans l'ancienne église que fut célébrée pour la première fois la Fête-Dieu en 1247.

Remarquable: calvaire du début XVIe siècle, mausolée d'Éracle, Notre-Dame de Saint-Séverin; dans la chapelle funéraire, gisant de marbre noir représentant le prévôt de Saint-Martin, Conrad de Gavre (1602); autel et châsse de Sainte-Ève, médaillons de Jean Del Cour, souvenir de la Fête-Dieu.

Ouvert: visite guidée sur rendez-vous, toute l'année

38.5 *Collégiale Saint-Barthélemy (Centr.),*
place St.-Barthélemy, 4000 Liège - www.st-barthelemy.be - ☎ 04/250 23 72

Ancienne collégiale fondée entre 1010 et 1015, édifiée en grès houiller, de la fin du XIe siècle (chœur) aux dernières années du XIIe (massif occidental), élargie en 1747. Portail néoclassique. Tours jumelles de modèle rhénan restaurées en 1876. Intérieur réaménagé au XVIIIe siècle. Narthex roman. À ne pas rater: Remarquable : fonts baptismaux du début du XIIe siècle en laiton attribués à l'orfèvre Renier de Huy et considérés, à juste titre, comme l'une des sept merveilles de Belgique.

Ouvert: du lundi au samedi de 10 à 12h et de 14 à 17h, le dimanche de 14 à 17h

38.6 Collégiale Sainte-Croix (Centr.), rue Sainte-Croix, 4000 Liège - ☎ 0476/29 47 18 - www.fabrice-muller.be
De la collégiale primitive, érigée de 976 à 986, ne subsiste qu'un mur de grès, à proximité du chœur occidental roman-gothique (fin XIIe siècle - début XIIIe siècle). Chœur oriental du XIVe siècle; nef du milieu du XIVe siècle.
Rare exemple d'église du type *Hallenkirche* (3 nefs d'égale hauteur). À ne pas rater: la clef de Saint-Hubert (VIIIe siècle) et le tryptique reliquaire de la Vraie Croix (XIIe siècle). Insolite: les inscriptions hiéroglyphiques ornant le mausolée du chanoine Millemans (1558).
Ouvert: visites guidées sur rendez-vous (0476/29 47 18)

38.7 Collégiale Saint-Denis (Centr.),
place Saint-Denis, 4000 Liège
Ancienne collégiale fondée en 987; sa tour (fin XIe siècle - début XIIe siècle) en grès houiller faisait partie, à l'époque du système défensif de la Cité. Murs extérieurs de la grande nef de 987-1011, abside du XIVe siècle, chapelles latérales du XIIIe siècle. Intérieur réaménagé au XVIIIe siècle. À ne pas rater: chaire de vérité (XVIIIe siècle), buffet d'orgues (1589). Remarquable retable brabançon consacré à la Passion (peu après 1522).
Ouvert: du lundi au samedi de 9h30 à 17h, le dimanche de 12 à17h

38.8 Église Saint-Servais (Centr.),
rue Fond-Saint-Servais, 4000 Liège - ☎ 04/223 68 16
Le 21 août 1981, un violent incendie a ravagé cette église, l'une des plus populaires de Liège. La base de la tour (Xe ou XIe siècle) doit être un vestige de l'édifice primitif érigé, selon la tradition, vers 933, reconstruit au XIIe siècle, modifié au XIVe et XVIe siècles, restauré au milieu du siècle dernier.

38.9 Église Saint-Christophe (Centr.),
place Saint-Christophe, 4000 Liège
Ancienne église du béguinage proche, fondée dans la première moitié du XIIIe siècle (env. 1241); fortement restaurée de 1885 à 1892, elle reste l'un des plus bel exemple d'église de style gothique primitif et le modèle de nombreuses églises du XIXe siècle.

38.10 Église Saint-Catherine (Centr.),
Rue Neuvice 54, 4000 Liège - ☎ 04/222 31 68
Église reconstruite en 1700. Statues de l'école baroque liégeoise, monuments funéraires.
Ouvert: du mardi au dimanche de 7h30 à 11h30, également de 15 à 17h en été

38.11 Église Saint-Gilles (J2),
Cour Saint-Gilles, 4000 Liège - ☎ 04/252 55 17
Ancienne abbatiale construite au XIIe siècle; entièrement restaurée à la fin du XIXe siècle. Culte populaire à Saint-Gilles «l'éwaré» (l'ahuri) invoqué contre la peur et les maladies nerveuses. Sa statue en pierre date du début du XIVe siècle. Dalles funéraires.
Ouvert: du lundi au vendredi ainsi que le dimanche de 8 à 12h, le samedi de 8 à 17h30

38.12 Église Saint-Nicolas (Centr.), rue Fosse-aux-Raines, 4020 Liège - ☎ 04/343 26 35
Ancienne église conventuelle des Frères Récollets construite au début du XVIIIe siècle, clocheton de 1843. Calvaire en bois sculpté de 1500, beaux autels baroques, vierge noire gothico-renaissance vénérée par la population.

Ouvert: lundi, mardi et jeudi de 8 à 12h

38.13 Église Saint-Remacle (K2),
rue d'Amercœur 22, 4020 Liège - ☎ 04/343 26 35
Fondée en 1071 et réédifiée au début du XVIIIe siècle. Une partie de la tour date du XVe siècle. Autels du XVIIIe siècle, confessionnaux Louis XIV, statues de l'école de Del Cour, piliers armoriés. Dans «l'enclos Saint-Remacle», statue du prince-évêque Notger par Rixgens (1891).

38.14 Citadelle au nord de la ville (J-K2)
Construite sur cette colline par Maximilien de Bavière dans le but de contrôler plus efficacement la ville. En 1675, elle fut détruite par les Français, puis reconstruite en 1684. Il ne reste pas grand-chose de l'ancien fort. Beau panorama de sur la ville.

38.15 Le Grand Curtius (Centr.), Féronstrée 136, 4000 Liège - ☎ 04/221 68 17 - www.grandcurtiusliege.be.
Le Grand Curtius regroupe les collections de plusieurs musées liégeois: musée Curtius (archéologie et arts décoratifs), musée d'art religieux et d'art mosan, musée d'armes et musée du verre. Il est situé en partie dans le Palais Curtius, l'exemple le plus représentatif de l'architecture Renaissance dans la région mosane. Parmi les chefs-d'œuvre à ne pas rater, citons la Vierge de Dom Rupert et l'Evangéliaire de Notger.
Ouvert: du lundi au dimanche de 10 à 18h, à l'exception du mardi

38.16 Musée d'Ansembourg (Centr.),
Féronstrée 114, 4000 Liège - ☎ 04/221 94 02 - www.liege.be/culture/musees/musee-d-ansembourg
Cet hôtel particulier construit au XVIIIe siècle, dans le style Régence, présente l'ensemble le plus suggestif des Arts décoratifs liégeois du XVIIIe siècle.
Ouvert: du mardi au samedi de 13 à 18h, le dimanche de 11 à 18h

38.17 Musée des transports en commun du Pays de Liège (Centr.),
rue Richard-Heintz 9, 4020 Liège - ☎ 04/361 94 19 - www.musee-transports.be
Ce musée relate toute l'histoire du transport en commun liégeois. Les véhicules qu'il contient proviennent des anciens réseaux de la région liégeoise. Un ensemble de vitrines accueille des documents relatifs aux anciennes sociétés de transport, du matériel et des modèles réduits de tramways.
Ouvert: du 1er mars au 30 novembre, de 10 à 12h et de 13h30 à 17h en semaine, de 14 à 18h les week-ends et jours fériés

38.18 Musée du Service de Préhistoire de l'ULG (Centr.),
place du 20-Août, 4000 Liège ☎ 04/366 54 67 - www.ulg.ac.be/prehist
L'exposition permanente du musée du Service de Préhistoire comprend deux grandes sections. La première est une introduction générale à la Préhistoire. Les grandes périodes y sont présentées au travers de pièces archéologiques originales. La seconde section montre les sites fouillés par de Liège, depuis le XIXe siècle. Le musée est complété par un aperçu de l'évolution physique de l'homme, grâce à une série de moulages de crânes célèbres
Ouvert: le musée est accessible au public sur demande

38.19 Musée de la Vie Wallonne (Centr.),

cour des Mineurs, 4000 Liège - ☎ 04/237 90 50 - www.viewallonne.be

Le plus beau et plus riche musée d'ethnologie wallonne est situé dans le cadre d'un ancien couvent de Frères Mineurs, admirablement restauré. Il est consacré à l'ethnographie et au folklore de la Wallonie. Le nouveau parcours vous invite à une découverte de la vie en Wallonie, du XIXe siècle à nos jours. Les cinq grands thèmes abordés par le musée ont pour objectif de définir la société wallonne, les hommes, les idées, les savoir-faire... Le musée abrite également un théâtre de marionnettes.

Ouvert: du mardi au dimanche de 9h30 à 18h

38.20 Maison de la Métallurgie et de l'Industrie (Centr.),

Boulevard Raymond-Poincaré 17, 4020 Liège - ☎ 04/342 65 63 - www.mmil.be

Installé dans un ancien atelier du début du XIXe siècle, ce musée présente la reconstitution d'une forge wallonne du XVIIIe siècle et d'un haut fourneau au charbon de bois du XVIIe siècle. Il est consacré à l'histoire de la métallurgie et l'industrie charbonnière.

Ouvert: du lundi au vendredi de 9 à 17h, toute l'année
le samedi et le dimanche de 14 à 18h, du 1er avril au 31 octobre

38.21 Musée de l'Art Wallon / Saint-Georges (Centr.),

Féronstrée 86,4000 Liège - ☎ 04/221 92 31
www.museeartwallon.be

Ce musée présente une vue d'ensemble de la création artistique (sculpture et peinture) depuis la Renaissance. La disposition chronologique permet un parcours aisé et didactique du XVIe siècle à nos jours au travers d'une collection d'une exceptionnelle richesse.

Ouvert: du mardi au samedi de 13 à 18h, le dimanche de 11 à 18h

38.22 Musée Grétry (Centr.),

rue des Récollets 34, 4020 Liège - ☎ 04/223 06 27

Installé dans la maison natale du compositeur liégeois André-Modeste Grétry (1741-1813), ce musée présente une collection d'objets personnels et de documents relatifs au maître de l'opéra-comique français..

Ouvert: vendredi, samedi et dimanche de 10 à 18h

38.23 Studio Ysaye (Centr.),
Féronstrée 136, 4000 Liège - ☎ 04/221 83 89
Hébergé au Grand Curtius, cet ensemble mobilier restitue le lieu de travail et de méditation du célèbre violoniste et compositeur liégeois, Eugène Ysaye. Ami personnel et confident de la reine Elisabeth de Belgique, il sera à l'origine de l'idée de son concours musical et international.
Ouvert: du lundi au dimanche de 10 à 18h, à l'exception du mardi

38.24 Musée d'Art moderne et d'Art contemporain (Centr.),
parc de la Boverie 3, 4020 Liège - ☎ 04/343 04 03 - www.mamac.be
Il est installé dans un vaste bâtiment de style Louis XVI, construit en 1905, à l'occasion de l'Exposition universelle. Le parcours des différentes salles permet de suivre l'évolution de l'art moderne depuis sa naissance, vers 1850, jusqu'aux tendances les plus actuelles. Quelque 250 œuvres, peintures et sculptures sont montrées en permanence, illustrant les principaux mouvements artistiques avec une importante représentation des écoles belges et françaises.
Ouvert: du mardi au samedi de 13 à 18h, le dimanche de 11 à 16h30

38.25 Trésor de la Cathédrale - Art et Histoire de la Principauté de Liège (Centr.), rue Bonne-Fortune 6, 4000 Liège - ☎ 04/232 61 32 - www.tresordeliege.be
Autour du cloître de la cathédrale, entièrement rénové et parfaitement intégré, le Trésor de la cathédrale de Liège présente un parcours exceptionnel de visite à travers l'art et l'histoire de l'ancienne Principauté de Liège: orfèvreries, ivoires, manuscrits, sculptures, peintures et collections de textiles.
Ouvert: du mardi au dimanche de 14 à 17h

38.26 Aquarium, Musée (Centr.),
Quai Van Beneden 22, 4020 Liège - ☎ 04/366 50 21 www.aquarium-museum.be
Dans les salles de l'aquarium, 46 bassins accueillent près de 2 500 poissons des océans, des mers des lacs et des rivières du monde entier. Dans les salles du muséum, 1000 m^2 sont consacrés à la diversité animale.
Ouvert: du lundi au vendredi de 9 à 17h
week-ends, jours fériés, vacances de Pâques, juillet et août, de 10 à18h

38.27 Maison de la Sciences (Centr.),
Quai Van Beneden 22, 4020 Liège - 04/366 50 04 - www.masc.ulg.ac.be
La Maison de la Science propose une série de démonstrations, de vitrines automatisées dont le but est de faire découvrir les sciences en s'amusant. Elle met en évidence concrètement les applications des découvertes faites en biologie, en chimie et en médecine. Elle présente notamment des expériences sur l'électricité, l'azote liquide, la musique, la mécanique ou encore l'optique.
Ouvert: du lundi au vendredi de 10 à 12h30 et de 13h30 à 17h
week-ends et jours fériés de 14 à 18h
juillet-août, tous les jours de 13h30 à 18h

38.28 Musée Tchantchès (Centr.), rue Surlet 56, 4020 Liège - ☎ 04/342 75 75 - www.tchantches.be
On y trouve les tenues offertes au plus vieux citoyen de

Liège (Tchantchès = François) et la remarquable collection de marionnettes de Denis Bisscheroux du Théâtre Royal Ancien-Impérial. On peut également y assister à des spectacles de marionnettes.
Ouvert: le dimanche à 10h30 d'octobre à fin avril ; le mercredi à 14h30 d'octobre à fin avril
visite simple le mardi et le jeudi de 14 à 16h

38.29 MADmusée (Centr.) Parc d'Avroy 1, 4000 Liège - ☎ 04/222 32 95 - www.madmusee.be
Le MADmusée dispose d'une collection internationale, composée d'œuvres réalisées par des artistes déficients mentaux. Depuis 2007, ce patrimoine contemporain ne peut plus être exposé de manière permanente au sein du bâtiment « Trink Hall ». En attendant la rénovation de celui-ci, le MADmusée rend partiellement et ponctuellement visible sa collection lors d'expositions temporaires : dans sa galerie propre (une exposition par an depuis 2010), au sein du complexe muséal Grand Curtius (ce fut le cas de 2009 à 2012) ou au sein d'autres institutions belges et étrangères.
Ouvert: du lundi au vendredi de 10 à 17h, le samedi de 14 à 17h

38.30 Musée des Papillons (Centr.),
rue de Sluse 7, 4020 Liège - ☎ 04/252 34 68
Animé par deux frères dont le père, le docteur Paul Houyez, était déjà passionné par ces insectes, le musée des Papillons possède à la fois une section consacrée aux papillons de chez nous et une salle réservée aux espèces tropicales.
Ouvert: visites sur demande au 04/252 34 68

38.31 Maison du Jazz de Liège et de la CFB (Centr.),
rue sur-les-Foulons 11, 4000 Liège - ☎ 04/221 10 11 - www.maisondujazz.be
Archives, documents, livres, disques, vidéos.
Ouvert: lundi, mardi et jeudi de 12 à 17h
(autres jours sur rendez-vous)

38.32 Observatoire du Monde des Plantes Université de Liège (K3), Chemin de la Ferme 1, Sart Tilman, 4000 Liège - ☎ 04/366 42 70 - ☎ 04/242 77 22 - www.espacesbota.ulg.ac.be
Inauguré en mars 1996. Ce musée jette un pont entre le monde de la biologie végétale et le grand public et fait redécouvrir la botanique traditionnelle.
Ouvert: le mercredi de 13 à 16h ; le vendredi, samedi et dimanche de 10 à 18h

38.33 *Musée en plein air du Sart-Tilman (J3),*
Domaine Universitaire, 4020 Liège - ☎ 04/366 22 20 - www.museepla-ulg.ac.be
Sculptures et peintures murales s'intègrent au site naturel et à l'architecture contemporaine remarquable du campus.
Ouvert: visite libre tous les jours de l'année

38.34 *Musée de l'Eclairage au Gaz et d'Histoire du Luminaire ancien (J2),*
rue Henri Maus 92, 4000 Liège - ☎ 04/253 25 15
Un cadre et une ambiance 1900, où on peut admirer la lumière féerique de 50 luminaires au gaz. Créé à l'initiative de l'asbl Progaz, le musée montre une cinquantaine de luminaires variés. De la cave au grenier, en passant par la cuisine, le salon et même la salle de bains, chacun de ces luminaires peut être admiré pour la beauté de sa forme (lustre, applique), de sa verrerie et de la lumière oscillant entre le jaune et le vert dispensés par ce type d'appareil.
Ouvert: Visites: sur rendez-vous.

38.35 *L'Archéoforum (Centr.),* place Saint-Lambert, 4000 Liège - ☎ 04/250 93 70 - www.archeoforumdeliege.be
L'Archéoforum de Liège dévoile des vestiges d'une richesse exceptionnelle découverts sous la place Saint-Lambert. Ces témoignages plongent le visiteur dans un parcours souterrain alliant découverte du temps passé et technologie contemporaine
Ouvert: durant l'année scolaire, du mardi au vendredi de 9 à 17h, samedi de 10 à 17h
pendant les vacances scolaires, du mardi au samedi de 10 à 17h

38.36 *Montagne-de-Bueren (Centr.),*
Au sud de la Citadelle: escalier de 373 marches conduisant à la Citadelle

38.37 *Hôtel de Ville (Centr.),*
place du Marché, 4000 Liège - ☎ 04/221 80 00
Remplace l'antique Violette, maison du marché portant l'enseigne de la Violette, où se réunissaient les magistrats de la Cité (XIIIe siècle).

38.38 *Perron (Centr.),* place du Marché, 4000 Liège.
Symbole des libertés liégeoises, le perron trouverait son origine au XIIIe siècle.

38.39 *Palais des Princes-Évêques (Centr.),*
place Saint-Lambert, 4000 Liège. - ☎ 04/221 92 21
Le plus vaste édifice gothique civil du monde.

38.40 *Croisière sur la Meuse (Centr.)*
Embarcadère: passerelle, rive droite

39. LUXEMBOURG (Grand-Duché/Groothertogdom) - N14 -

Office National du Tourisme, (Centr.), Gare Centrale, place de la Gare, L-1616 Luxembourg - ☎ (352) 42 82 82 10 - www.ont.lu

Luxembourg City Tourist Office (Centr), place Guillaume II 30, L-2011 Luxembourg - ☎ (352) 22 28 09 - www.lcto.lu

39.1 Cathédrale Notre-Dame de Luxembourg (Centr.),
rue Notre-Dame, L-2240 Luxembourg
Du XVIIe siècle, elle doit ses origines à l'ancien collège des Jésuites ou Athénée et aujourd'hui transformée en Bibliothèque Nationale.

39.2 Eglise Saint-Michel (Centr.),
rue Sigefroi 12, L-2536 Luxembourg
Plusieurs fois détruite et reconstruite au cours des siècles, elle date de l'époque de Sigefroi qui en fit la chapelle de son château. Des vestiges notamment des époques romane et Renaissance sont encore visibles aujourd'hui au niveau de sa façade.

39.3 Eglise Saint-Jean (Centr.),
rue Münster, L-2160 Luxembourg
XVIIe siècle, avec une statue noire de la vierge.

39.4 Chapelle Saint-Quirin (Centr.),
rue de Prague 35, L-2348 Luxembourg
Le plus vieux sanctuaire de la ville, localisé près d'une source, était autrefois une place d'adoration païenne. Saint-Quirin était le patron de la ville jusqu'en 1666, quand la consolatrice des affligés (Notre-dame de Luxembourg) a pris ce titre.

Vestiges de la forteresse:
Innombrables et omniprésents. Découvrez-les à pied! Leur vue est encore plus impressionnante à partir des vallées de l'Alzette et de la Pétrusse.

39.5 Casemates du Bock et crypte archéologique (Centr.),
Montée de Clausen, L-1343 Luxembourg - ☎ +352/22 28 09
Ce fut en 963 que le comte Sigefroi construisit sur le rocher du "Bock" un château fort, le berceau de la future ville. Au milieu du XVIIIe siècle, les autrichiens creusèrent les fameuses casemates dans le rocher du "Bock". La crypte archéologique, antichambre des casemates, renforce encore l'attractivité de la visite.

39.6 Casemates de la Petrusse (Centr.),
place de la Constitution/boulevard F.D. Roosevelt, L 2450 Luxembourg - ☎ +352/ 22 28 09
L'origine de ces galeries souterraines remonte à l'année 1644. Au début du XVIIIe siècle, les autrichiens allaient parfaire le système défensif de la vallée de la Pétrusse qui est encore aujourd'hui l'un des rares fronts de la ville-forteresse à être resté intact.

39.7 Corniche (Centr.),
Ancien chemin de ronde sur les remparts appelé «le plus beau balcon d'Europe».

39.8 Citadelle du St.-Esprit (Centr.),
En 1234, le couvent du Saint-Esprit fut fondé sur la place de même nom. Au XIVe siècle, la construction de la troisième enceinte intégra le plateau dans le système défensif de la ville. Ici s'est construit la nouvelle «Cité judiciaire», centre de la justice luxembourgeoise.

39.9 Plateau du Rham (Centr.),
Le plateau du Rham, entouré des trois côtés par l'Alzette, témoigne d'une civilisation remontant à l'âge de fer. Depuis le XVe siècle, une troisième enceinte fut intégrée dans le système défensif de la ville-forteresse de Luxembourg. Sous la domination des français, Vauban y fit aménager, à

la fin du XVIIe siècle, quatre casernes militaires. Depuis la fin du XIXe siècle, ces casernes abritent des institutions sociales.

39.10 Fort Thüngen (Centr.),
Le Fort Thüngen fut construit en 1732. En 1836, le fort fut agrandi par les prussiens, puis renforcé en 1860. Entre les années 1870 et 1874, le fort fut détruit. Seules les trois tours rondes, les Trois Glands, ainsi que les fondations du fort, mises à jour en 1991, sont encore conservées. Ici se trouvent le « Musée d'Art Moderne Grand-duc Jean » (voir 39.19) ainsi que le « Musée de la Forteresse ».

39.11 Maquette de la Forteresse (Centr.), rue du Curé
Le réduit Lambert, construit en 1685, faisait partie d'un fort du même nom. Le réduit fut rénové en 1835-1836 et doté d'une toiture. Aménagé en forme pentagonale, il renfermait deux étages et était entouré d'un réseau de casemates se présentant encore aujourd'hui dans un excellent état.

39.12 Musées des Postes et Télécommunications (Centr.),
coin 'Place de la Gare'/rue d'Epernay, L-2992 Luxembourg -
☎ +352/40 88 88 40 - www.pt.lu
Pour les philatélistes, ce Musée, établi dans les locaux du Centre des Télécommunications de Luxembourg-Gare au 19, rue de Reims est un must. Le musée retrace aussi l'histoire de la poste, du télégraphe et du téléphone au Luxembourg des origines à nos jours.
Ouvert: du lundi au vendredi, de 13 à 17h

39.13 Musée National d'Histoire et d'Art (Centr.),
Marché-aux-Poissons, L-2345 Luxembourg -
☎ +352/47 93 301 - www.mnha.lu

☞ **Section archéologique:**
Ce musée possède une collection archéologique importante, en particulier des objets trouvés pendant différents déterrements : sarcophages, outils, monnaie, bijoux, pierres tombales, etc. Les objets les plus remarquables ont été retrouvés pendant les déterrements de Dalheim (Ricciacus) et Titelberg.

☞ **Section des arts populaires et des industries:**
Equipements ménagers des différents siècles, reconstruction des différents types des maisons rurales et petit-bourgeois, des lieux de travail et de loisirs d'autrefois, d'une ancienne pharmacie, etc.

☞ **Section Beaux-Arts:**
Des œuvres d'art magnifiques qui ont décoré des églises et des chapelles et qui ont la bible comme source d'inspiration.
Ouvert: du mardi au dimanche, de 10 à 18h
jeudi nocturne, de 17 à 20h

39.14 Musée d'Histoire de la Ville de Luxembourg (Centr.),
rue du Saint-Esprit 14, L-2090 Luxembourg -
☎ +352/47 96 45 00 - www.musee-hist.lu
Découvrez l'histoire de la ville de Luxembourg de ses origines à nos jours. Terminaux interactifs et système audio-guide vous donnent toutes explications nécessaires. Installé dans un ensemble de quatre anciennes maisons bourgeoises, dont le bâtiment principal a servi de refuge à l'abbaye d'Orval.
Ouvert: du vendredi au mercredi, de 10 à 18h
le jeudi, de 10 à 20h

🏛 ***39.15 Musée National d'Histoire Naturelle (Centr.),***
rue Münster 24, L-2160 - ☎ +352/46 22 40 1 - www.mnhn.lu
Ce musée contient différentes sections concernant la zoologie et l'écologie. Toute sorte d'information sur le règne animal et la flore du Grand-duché.
Ouvert: du mardi au dimanche 10 à 18h

🏛 ***39.16 Musée des Tramways et des Bus (O14),***
rue de Bouillon 63, L-1248 Luxembourg -
☎ +352/47 96 23 85 - www.rail.lu/tramsmusee.html
Installé dans une remise restaurée. Aperçu du transport

public au Luxembourg-Ville depuis le tramway à chevaux jusqu'à nos jours.
Ouvert: les jeudis, de 13h30 à 17h30
les samedis, dimanches et jours fériés, de 10 à 18h
visite guidée sur rendez-vous

39.17 Musée de la Banque (Centr.),
place de Metz 1, L-2954 Luxembourg - ☎ +352/40 15 24 50
Découvrez l'histoire et l'évolution de la banque dans le cœur du siège central de la Banque et Caisse d'Epargne de Luxembourg.
Ouvert: du lundi au vendredi, de 9 à 17h30

39.18 Musée - Mémorial de la Déportation (Centr.),
Gare de Hollerich, rue de la Déportation 3a,
L-1024 Luxembourg - ☎ +352/24 78 81 91
Aperçu du départ et du destin douloureux des jeunes luxembourgeois déportés pendant la Deuxième Guerre Mondiale. Une période dans l'histoire du Luxembourg qu'on ne peut pas oublier.
Ouvert: du lundi au vendredi, de 9 à 12h et de 14 à 17h
visite guidée sur réservation

39.19 Mudam - Musée d'Art Moderne Grand-Duc Jean (Centr.),
Parc Draï Eechelen 3, L-1499 Luxembourg-Kirchberg -
☎ +352/45 37 85 1 - www.mudam.lu
Collection d'art contemporain. Expositions thématiques et monographiques ouvertes à tous les domaines de la création actuelle: photographie, peinture, multimédia, mode, design, graphisme.
Ouvert: du mercredi au vendredi, de 11 à 20h
du samedi au lundi, de 11 à 18h
Fermé au mardi. Fermé ou 1 novembre, 25 décembre et 1 janvier, 24 et 31 décembre ouvert à 13h

39.20 Place Guillaume II (Centr.),
Place de marché avec l'Hôtel de Ville
On peut y saluer la statue équestre de Guillaume II, Roi des Pays-Bas et Grand-duc du Luxembourg

39.21 *Le Palais Grands-Ducal (Centr.),*
rue du Marché-aux-Herbes, 17
Très beau bâtiment dont la plus ancienne partie de style Renaissance date de l'époque hispano-mauresque. Résidence du Grand-Duc elle est depuis 1859 la Chambre des Députés.

39.22 *Croix de Hinzert (Centr.),*
Dans l'enceinte du cimetière Notre-Dame la Croix de Hinzert rappelle le martyre de nombreux Luxembourgeois déportés par l'occupant nazi et morts dans ce camp de concentration de l'Eifel.

39.23 *Pierre dite de Goethe (Centr.),*
Située Promontoire du Bock, Pierre commémorative de la venue du grand poète allemand Goethe à Luxembourg.

39.24 *Villa Vauban - Galerie Municipale (Centr.),*
rue Emile Reuter 18, L-2420 Luxembourg - www.villavauban.lu
Logée dans un écrin de verdure au 18, avenue E. Reuter, la Galerie Municipale ou Villa Vauban abrite une prestigieuse collection d'œuvres d'artistes hollandais et flamands des XVIIe et XVIIe siècles.

39.25 *Monument Nationale de la Solidarité Kanounenhiwel (Centr.),*
Engoncé dans le manteau vert du Kanounenhiwel, construit en 1971 en souvenir des sacrifices imposés aux Luxembourgeois lors de la 2ième Guerre Mondiale.

39.26 *Monument du Souvenir (Centr.),*
place de la Constitution, L-1478 Luxembourg - ☎ 080/33 92 22
Visible de très loin grâce à la statue altière et scintillante de la "Gëlle Fra". Abattue en 1940 par les troupes allemandes et restaurée en 1985.

40. MALMEDY (LIE) - N5

Le Royal Syndicat d'Initiative, place du Châtelet 9, 4960 Malmedy - ☎ 080/79 96 35

40.1 *Cathédrale (N5),*
place du Châtelet, 4960 Malmedy - ☎ 080/33 03 02
(1775). Maître-autel en marbre. Reliquaire du Saint-Quirin.
Ouvert: tous les jours (sauf quelques jours fériés) en juillet et août, visites guidées tous les jours

40.2 *Musée du Cwarmê (Carnaval) (N5),* Maison Cavens, place de Rome 11, 4960 Malmedy - ☎ 080/33 70 58 - www.malmedy.be.
Au 3e étage, collections de costumes, de masques, documents d'archives et maquettes de chars du "cwarmê", le carnaval malmedien

40.3 *Musée National du Papier (N5),* Maison Cavens, place de Rome 11, 4960 Malmedy - ☎ 080/33 70 58 - www.malmedy.be.
Le musée montre le lent cheminement du papier depuis son origine chinoise et les diverses techniques de production qui ont suivi.

40B. MANHAY (LUX) - K6

Maison du Tourisme du Pays d'Ourthe et Aisne (J6), Grand'Rue 16, 6940 Barvaux-Sur-Ourthe - ☎ 086/21 30 81 - ☎ 086/21 35 00 - www.ourthe-et-aisne.be

Syndicat d'Initiative de Manhay (K7), Maison Communale, Voie de Liberation 4, 6960 Manhay - ☎ 086/21 99 62 - www.simanhay.be

40b.1 Parc Chlorophylle (K7), rue des Chasseurs Ardennais 60, 6960 Dochamps - ☎ 084/37 87 74 - www.parcchlorophylle.com
Parc forestier et récréatif qui propose un parcours en plein air jalonné de zones de jeux et d'aventures.
Ouvert: juillet-août, de 10 à 18h
les autres mois, de 10 à 17h

41. MARCHE-EN-FAMENNE (LUX) - I7

(Info 1) Maison du Tourisme de Marche & Nassogne (Centr.), place de l'Etang 15, 6900 Marche-en-Famenne - ☎ 084.34.53.27
www.tourisme-marche-nassogne.be

41.1 Eglise Saint-Remacle (Centr.), rue Jean de Bohême 9, 6900 Marche-en-Famenne
(XVe siècle) Style gothique flamboyant

41.2 Eglise Saint-Etienne de Waha (Centr.), place de l'Eglise, 6900 Waha
Romane XIe siècle. Des vitraux rappellient le martyre de Saint-Etienne, patron de la paroisse. Des vitraux sont réalisés par Jean-Michel Folon

41.3 Musée de la Dentelle (Centr.), rue des Brasseurs 7, 6900 Marche-en-Famenne - ☎ 084/31 21 35
Le musée de la Dentelle présente l'histoire de la dentelle au fil des siècles et une collection unique de dentelles. Le musée est situé dans l'ultime vestige des fortifications moyenâgeuses de Marche-en Famenne, la tour de la "Juniesse".

41.4 Musée des Chasseurs Ardennais (Centr.), Camp Roi Albert, de Marche, chaussée de Liège 65, 6900 Marche-en-Famenne - ☎ 084/24 60 82
Ce musée est dédié au célèbre régiment des Chasseurs-Ardennais. Sur base de mannequins en tenues d'époque, le musée présente les périodes de l'histoire de ce régiment sous la forme d'un parcours chronologique.
Ouvert: visites sur rendez-vous (084/24 61 51 - 084/24 61 39)

41.5 Musée de la Famenne (Centr.), rue du Commerce 17, 6900 rue du Commerce 17, 6900 Marche-en-Famenne - ☎ 084/32 70 60 - www.musee.marche.be
L'histoire artistique de la région, l'archéologie et les traditions
Ouvert: du mardi au vendredi, de 10 à 12h et de 13 à 17h
le samedi, de 10 à 12h et de 14 à 18h
le dimanche et les jours fériés, de 14 à 17h
Fermé les samedis, dimanches et jours fériés de dé cembre à février inclus

41.6 *Cinema Dynamique (Centr.),* Maison du Tourisme, place de l'Etang 15,6900 Marche-en-Famenne - ☎ 084/34 53 27
Un voyage inoubliable à la découverte de la région à bord d'un simulateur de vol.

41.7 *Le "Pot d'Etain" (Centr.),*
rue des Brasseurs 7, 6900 Marche-en-Famenne
Vieil estaminet datant du XVIIe siècle qui abrite aujourd'hui le syndicat d'initiative local.

41.8 *Ruelles (I7) (*)*
Nombreuses rues à hautes pentes avec de vieux immeubles

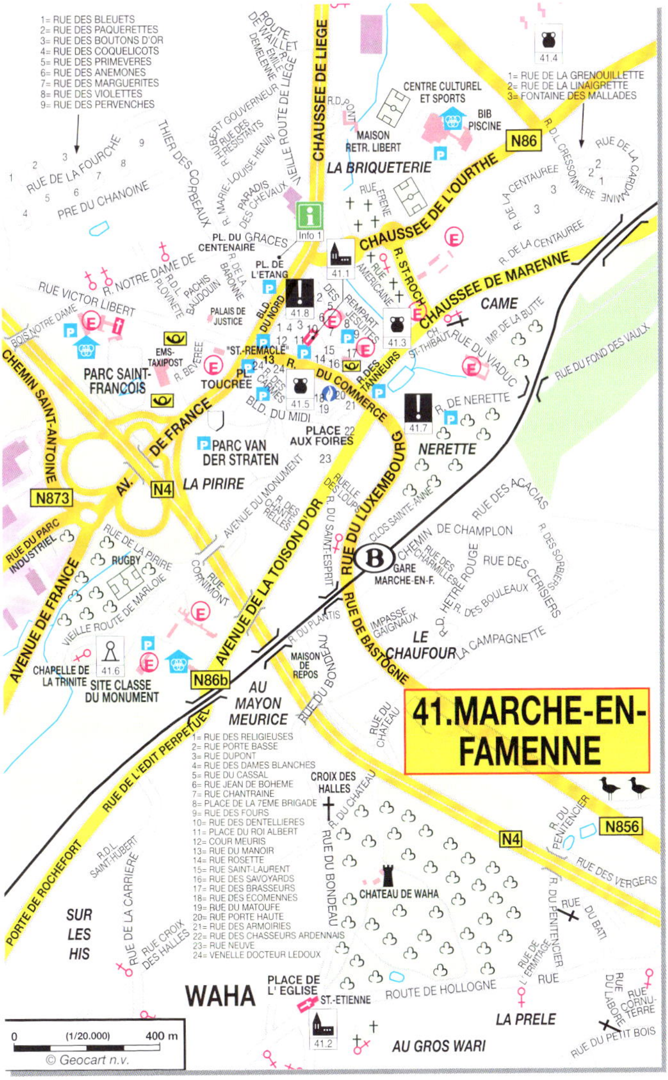

MAREDRET → ANHEE

MARIEMBOURG → COUVIN

42. MODAVE (LIE) - H5

Maison du Tourisme du Pays de Huy-Meuse-Condroz (Centr. Huy p. 77), quai de Namur 1, 4500 Huy - ☎ 085/21 29 15- www.pays-dehuy.be

Syndicat d'Initiative Modave-Marchin (H5), vallée du Hoyoux 6B, 4577 Modave - ☎ 085/41 29 69 - www.simm48.be

42.1 Le Château des Comtes de Marchin (H5), rue du Parc 4, 4577 Modave - ☎ 085/41 13 69 - www.modave-castle.be
Le château se dresse au sommet d'un rocher à pic au bord du Hoyoux, dans un vaste parc protégé. La partie la plus ancienne des bâtiments remonte au début du régime féodal, l'autre date du milieu du XVIIe siècle. L'intérieur est richement meublé.

43. MONSCHAU (Allemagne) - O3

Monschau Touristik GmbH (O3), Stadtstraße 16, 52156 Monschau - ☎ (49) 02472/8048-0 - www.monschau.de

43.1 Burg Monschau (O3), 52156 Monschau
Le château-fort de Monschau s'élevait probablement au début du XIIIe siècle. Au milieu du XIVe siècle, le bâtiment a été agrandi et entouré par des remparts impressionnants. Après la première guerre mondiale l'aile occidentale a été transformée en auberge de jeunesse. En été, des concerts classiques ont lieu dans la cour intérieure. Le château-fort offre aussi un panorama magnifique sur la ville et ses environs.

43.2 Maison Rouge (O3), Stiftung Scheibler-Museum, Laufenstraße 10,52156 Monschau - ☎ +49 (0) 24 72 50 71
Installé comme musée: meubles, articles utilitiares, intérieurs splendides.

Ouvert: de Vendredi Saint au 30 novembre, mardi à dimanche

43.3 Musée du Verre (O3),
Burgau 15, 52156 Monschau - ☎ +49 (0) 24 72/99 01 51 - www.monschauerhandwerkermarkt.de
L'histoire du verre, des techniques différentes et des styles d'antan et d'aujourd'hui. On peut voir non seulement la fonte, mais aussi le soufflage du verre.
Ouvert: Tous les jours de 10 à 18h

43.4 Caves dans les rochers et musée de la brasserie (O3),
St. Vither-Str. 2-8, 52156 Monschau - ☎ +49 (0) 24 72/3018
www.brauerei-museum.de
L'histoire de plus de 150 années de l'art des brasseurs dans la brasserie historique de Monschau. La visite des caves creusées en 1830 dans les rochers est une attraction remarquable.

43.5 Musée de l'imprimerie Weiss (O-P3),
Am Handwerkerzentrum 16, 52156 Monschau - ☎ +49 (0) 24 72/98 29 82,- www.druckereimuseum-weissi.de
L'histoire de l'imprimerie, les développements techniques et culturels des presses depuis Johannes Gutenberg.

43.6 Musée de la photographie et du cinéma Eifeler (O3),
Laufenstraße 40, 52156 Monschau - ☎ +49 (0)24 72/35 90 - www.altstadt-post.de
Histoire de la photographie de la Lanterne Magique jusqu'à la caméra digitale moderne. Prises de vues originales du vieux centre de Monschau du temps de l'empire et expositions des photographies de la région complètent la collection de ce musée intéressant.
Ouvert: du mardi au dimanche, de 10 à 18h

43.7 Centre de la Ville Médiéval (O3)
Depuis presque 300 ans rien n'a changé ici concernant l'aspect de la rue.

43.8 Centre d'art et de culture de Monschau (O3),
Austraße 9, - 52156 Monschau - ☎ +49 (0) 24 72/80 31 94 - www.kuk-monschau.de
Le KuK (Kunst- und Kulturzentrum = Centre d'art et de culture) est un atelier et centre d'accueil, qui invite à un échange créatif entre les artistes et les amateurs d'art. Beaucoup de techniques différentes (peinture, graphique, photographie, céramique). Les visiteurs peuvent voir comment les artistes travaillent.
Ouvert: de mardi à vendredi, de 14 à 17h
les samedis et dimanches, de 11 à 17h

43.9 Monschauer Stadtbahn (O3),
Laufenstraße 67, 52156 Monschau - ☎ 49 (0) 24 72/80 00 10 - www.jansen-kell.de
Circuit en petit train de 30 minutes pour faire connaissance avec la ville. Panorama magnifique depuis la citadelle.

43.10 Usine de torréfaction Wilhelm Maasen (O3),
Stadtstraße 24, 52156 Monschau - ☎ +49 (0) 24 72/803 58 80 - www.cafferoesterei.de
Ici on peut découvrir la qualité et la variété des différentes sortes de café.
Ouvert: du mardi au dimanche de 11 à 18h

43.11 Moulin à moutarde historique (O3),
Laufenstraße 118, 52156 Monschau - ☎ +49 (0) 24 72/22 45 - www.senfmuehle.de
Fabrication de moutarde depuis 4 génération dans un vieux moulin de plus de cent ans. Il peut être visité en cours de production.

44. NAMUR (NAM) - E4

(Info 1) Fédération du Tourisme de la Province de Namur (Centr.) : avenue Reine Astrid 22 boîte 2, 5000 Namur - ☎ 081/77 67 57 - www.paysdesvallees.be

(Info 2) Maison du Tourisme de Namur (Centr.) : square Léopold, 5000 Namur - ☎ 081/24 64 49 - www.mtpn.be

44.1 ***Abbaye Saint-Berthuin (E5),*** Fond de Malonne 129, 5020 Malonne (Namur) - ☎ 081/44 55 88
Fondée vers 651, l'abbaye de Malonne est une des plus anciennes de Belgique. Saint-Berthuin, né en Irlande, en est le fondateur. Il choisit d'installer son monastère à proximité d'une fontaine. Aujourd'hui, l'endroit abrite une école. Un autre saint, récemment canonisé, y est aussi vénéré : le frère Mutien-Marie.
Possibilité de visites guidées pour groupes, sur réservation.

44.2 ***Cathédrale Saint-Aubain (Centr.),*** place Saint-Aubain, 5000 Namur - ☎ 081/24 64 44 - www.cana.be
Cette église fut construite entre 1750 et 1767. Intérieur intéressant avec e.a. pavement en marbre polychrome, stucs des frères Moretti, sculptures, tableaux, etc.

44.3 ***Eglise Saint-Loup (Centr.),*** rue du Collège, 5000 Namur - ☎ 081/22 80 85 - www.eglisesaintloup.be
L'église a été erigée entre 1621 et 1645 en style baroque.

44.4 ***Eglise de Saint-Jean Baptiste (Centr.)***, place du Marché aux Légumes, 5000 Namur
(13e siècle) Architecture gothique avec une tour des cloches gothique.

44.5 ***Eglise Notre-Dame (Centr.),*** rue Saint-Nicolas, 5000 Namur
Date de 1715; de style classique remplaçant un édifice gothique.

44.6 ***Citadelle (Centr.),*** route Merveilleuse 64, 5000 Namur - ☎ 081/65 45 00 - ☎ 0475/65 45 95 - www.citadelle.namur.be.
La Citadelle de Namur fut l'une des plus importantes forteresses d'Europe. Tout y est prévu pour la détente: une visite en petit train, un audiovisuel, une visite guidée des grands souterrains et des salles d'exposition de l'Artillerie et du 3ème Régiment Lanciers-Parachutistes.
Ouvert: d'avril à fin de septembre 11h à 17h

44.7 ***Château des Comtes (Centr.),***
route Merveilleuse 64, 5000 Namur - ☎ 081/25 02 83
L'exposition "La vie de Château" présente l'histoire du château des comtes au coeur même de l'ancien donjon.

44.8 ***Musée archéologique (Centr.),***
rue du Pont 21, 5000 Namur - ☎ 081/23 16 31

Dans l'ancienne halle des bouchers sont exposées des antiquités préhistoriques, gallo-romaines et mérovingiennes. Exposition du plan relief de Namur datant du XVIIIe siècle.
Ouvert: du mardi au vendredi 10h à 17h
samedi et dimanche 10h40 à 17h
Fermé: lundi et du 25 décembre au 2 janvier.

44.9 ***Musée de Groesbeeck de Croix (Centr.),***
rue Joseph Saintraint 3, 5000 Namur ☎ 081/24 87 20
Remarquable ensemble des arts décoratifs du Namurois au 18e siècle : mobilier, peintures, argenterie, faïences, cristaux... ambiance d'époque dans un hôtel particulier du siècle des lumières.
Ouvert: tous les jours 10h à 12h et 13h30 à 17h
Fermé: le lundi et entre Noël et le nouvel an

44.10 ***Musée des Traditions Namuroises***
(Centr.), rue Saint-Nicolas 6, 5000 Namur - ☎ 081/22 68 67
Dans une maison namuroise du début du 20ème siècle, la vie quotidienne des années 1900 est présentée. Il a y aussi une exposition de 1000 montres diverses remontant jusqu'au XVIIIe siècle.
Ouvert: de Pâques à Toussaint, le mardi, jeudi, samedi et dimanche de 14h à 17h30
autres jours sur rendez-vous

44.11 ***Musée diocésain et trésor Saint-Aubain (Centr.),***
place du Chapitre 1,5000 Namur - ☎ 081/44 42 85 - www.musee-diocesain-namur.be

Créé en 1896, le musée diocésain a pour objectif de conserver et de présenter des œuvres d'art religieux issues d'églises, abbayes et couvents du diocèse de Namur-Luxembourg. Sculptures et peintures y côtoient de nombreuses dinanderies. Le trésor de la Cathédrale qui comporte entre autres les œuvres du trésor des comtes de Namur encore conservées, recèle des chefs-d'œuvre d'orfèvrerie.
Ouvert: tous les jeudis 10h30 à 17h

44.12 ***Musée de la Forêt / la Maison des Mariages (E5),***
route Merveilleuse 9, 5000 Namur - ☎ 081/74 38 94
Présentation de la flore et de la faune dans leur biotope respectif.
Ouvert: du 1er avril au 31 octobre, tous les jours sauf le vendredi, tous les jours à Pâques et du 15 juin au 15 septembre

44.13 ***Trésor du Prieuré d'Oignies (Centr.),***
rue Julie Billart 17, 5000 Namur - ☎ 081/25 43 00
Collection de ferronnerie. Orfèvrerie mosane, début du 13e siècle. Classé comme une des sept merveilles de Belgique!

44.14 ***Musée Provincial Felicien Rops (Centr.),*** rue Fumal 12, 5000 Namur - ☎ 081/77 67 55 - www.museerops.be
Situé dans les vieux quartiers de Namur. Le musée présente un aperçu très complet de l'oeuvre de Rops; peintre, lithographe et illustrateur.
Ouvert: du mardi au dimanche 10h à 18h
juillet et août ouvert tous les jours
Fermé: lundi, les 24, 25 et 31/12 et 1/1.

44.15 ***Musée Provincial des arts anciens du Namurois (Centr.),*** rue de Fer 24, 5000 Namur - ☎ 081/77 67 54 - www.provincie.namur.be

Le Musée des Arts anciens du Namurois est situé dans un hôtel patricien du XVIIIe s, réaménagé au XIXe s. (Monument classé). Il présente les collections du Moyen Age et de la Renaissance de la Société archéologique de Namur.
Ouvert: du mardi au dimanche 10h à 18h
Fermé: le lundi, les 24, 25 et 31 décembre et le 1er janvier

44.16 ***Musée Africain (Centr.),*** rue du Premier Lanciers 1, 5000 Namur - ☎ 081/23 13 83 - www.museeafricainnamur.be
Présentation de collections agricoles, d'objets de ferronnerie, poterie, etc. Ce musée fait revivre l'âme et l'histoire du Congo belge et du Rwanda-Burundi.
Ouvert: le dimanche, le mardi et le jeudi: 14h à 17h.
Fermé: les jours fériés.

44.17 ***Espace archéologique Saint-Pierre (Centr.),*** route Merveilleuse 23, 5000 Namur - ☎ 081/25 02 70
Expositions temporaires dont les thèmes sont toujours en rapport avec l'archéologie régionale. Visites du chantier de fouilles archéologiques et du laboratoire de restauration du matériel archéologique.
Ouvert: mardi - dimanche : 12h à 17h
Fermé: le lundi.

44.18 ***Musée des Commandos (E4),*** rue J. Durieux 80, 5020 Flawinne (Namur) ☎ 081/72 81 10 - www.cdomuseum.be
L'Histoire des commandos belges au combat, à l'entrainement, en opérations humanitaires etc.
Ouvert: toute l'année chaque mercredi: 13h à 18h ou sur rendez-vous

44.19 ***Musée du Génie (E5),***
chemin du Masuage, 5100 Jambes (Namur) - ☎ 081/32 39 73 - www.geniemus.bel
L'Histoire du génie militaire, de Vauban à nos jours.
Ouvert: tous les mercredis 13h à 17h30
(accès possible jusque16h) ou sur rendez-vous.

44.20 ***Espace Nauticmen (F4),*** rue du Moulin de Meuse 4, 5000 Namur - ☎ 081/23 74 47
Ce musée accueille 8 embarcations sportives et une série de pièces d'archéologie fluviale issue d'un prêt d'une collection privée.
Ouvert: jeudi - vendredi 09h à 17h.

44.21 ***Centre attractif au Parc Reine Fabiola (Centr.),*** Rond-point Michel Thonar 1, 5000 Namur (Citadelle) - ☎ 081/73 84 13 - www.parf.be

Au sommet de la Citadelle, le parc "Reine Fabiola" offre de multiples possibilités de divertissements pour tous : grande plaine de jeux, châteaux gonflables, go-karts, karts à moteur, mini-golf, etc... Cafétéria avec terrasse.

Ouvert: de mars à avril et de juillet à août: tous les jours de 11h à 18h de mai à juin et de septembre à octobre: le mercredi de 13h à 18h, le week-end et jours fériés de 11h à 18h

44.22 ***Beffroi (Centr.),***
reu du Beffroi, 5000 Namur - ☎ 081/26 64 44

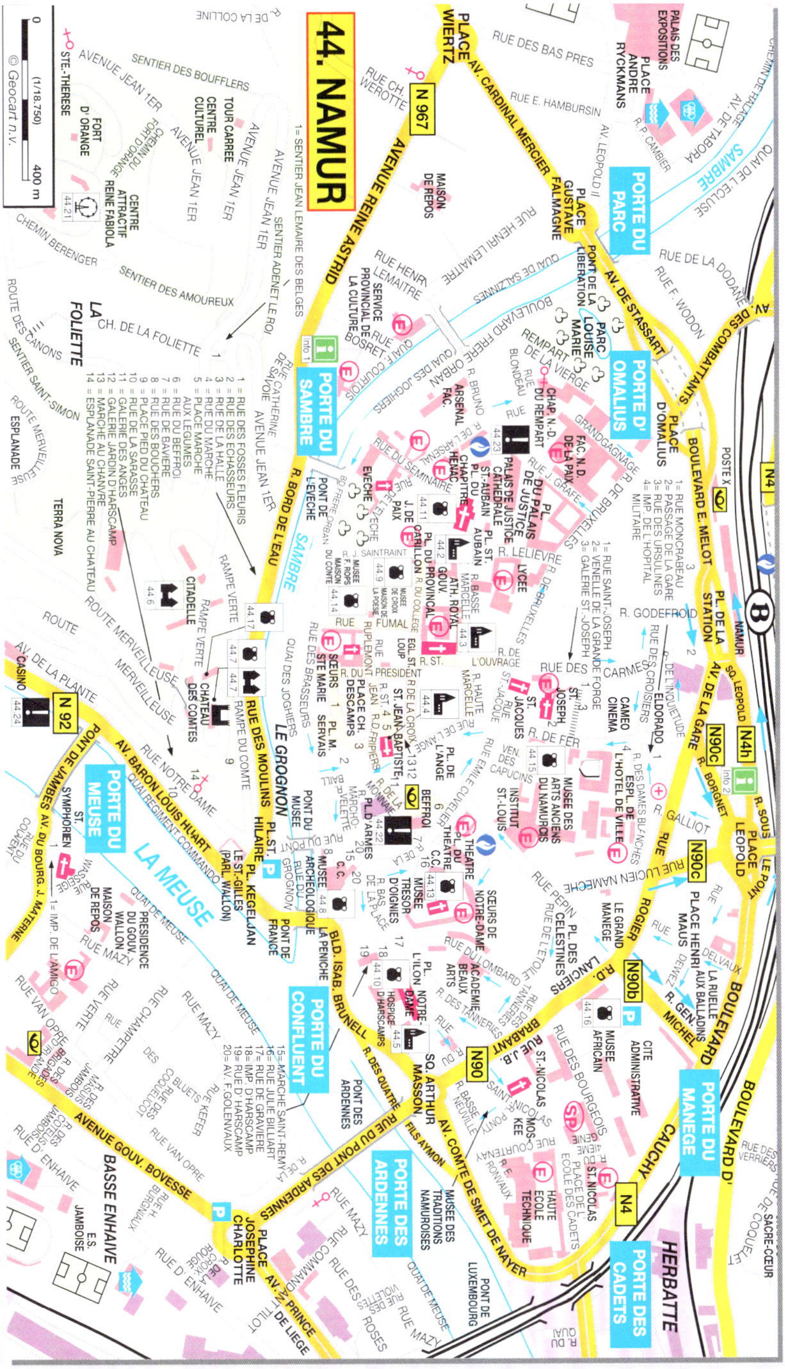

En 1746, après l'incendie de la Collégiale Saint-Pierre au Château qui abritait la cloche communale, la tour Saint-Jacques devint beffroi.

44.23 ***Palais provincial (Centr.),***
place Saint-Aubin 2, 5000 Namur
Un des plus beaux bâtiments d'Europe en ce qui concerne l'architecture et l'intérieur.

44.24 ***Casino (Centr.),*** Avenue Baron de Moreau 1, 5000 Namur - ☎ 081/22 30 21 - www.casinodenamur.be

45. NEUFCHATEAU (LUX) - J12

(Info 1) Maison du Tourisme du Pays de la Forêt d'Anlier (J12) : Maison Bourgeois, Grand Place 3, 6840 Neufchâteau - ☎ 061/27 50 88 - www.foret-anlier-tourisme.be

(Info 2) Syndicat d'Initiative (J12) : Rue du Lieutenant Lozet 6, 6840 Neufchâteau - ☎ 061/27 89 56

45.1 ***Eglise de Hamipré (J12),***
Le porche de l'église est le seul vestige architectural de l'église médiévale. La date de construction est 1721.

45.2 ***La maquette du château (J12),***
place du château (près de l'église), 6840 Neufchâteau

45.3 ***Musée de la Vie Rurale "La Remise" (J12),***
chaussée de Luxembourg 13, 6840 Offaing, ☎ 0474/42 82 40 - www.laremise.be
L'histoire de la vie de campagne des Ardennes.
Ouvert: tous les jours de 11h a 18h30

45.4 ***Ferme des Sanglochons - musée, Vivant Du Jambon (I11),***
chaussée de Namur 42, 6840 Verlaine - ☎ 061/22 22 33 - www.sanglochon.be
A la Ferme des Sanglochons, on découvre le "Sanglochon", résultat du croisement du cochon avec le sanglier. La visite vous permet de découvrir toutes les étapes de la fabrication des jambons et des saucissons, depuis la salaison jusqu'au séchage.
Ouvert: tous les jours de 10 a 19h (sauf le mardi)
horaire d'hiver: fermé le lundi, mercredi et jeudi soir et le mardi en journée

45.5 ***Tour Griffon (J12),***
dernier vestige des origines moyenâgeuses de Neufchâteau

45.6 ***Vieux quartiers et maisons (J12)***

45.7 ***Lac de Neufchâteau (J12)***

NY → HOTTON

OFFAING → NEUFCHATEAU

46. ONHAYE (NAM) - E7

Maison du Tourisme de la Haute-Meuse dinantaise (Centr. Dinant p. 56), Avenue Cadoux 8, 5500 Dinant - ☎ 082/22 28 70 - www.dinant-tourisme.be

46.1 ***Ruines médiévales et musée de Montaigle (E7)***, rue du Marteau 10, 5522 Falaën - ☎ 082/69 95 85 - www.montaigle.be

Les ruines de Montaigle font partie du Patrimoine majeur de Wallonie.
Le musée est situé dans une petite maison au pied des ruines. Ici on peut découvrir l'histoire du site et celle du monument en présentant une exposition à la fois thématique et chronologique des objets découverts sur les lieux.
Ouvert: d'avril à juin et de septembre à octobre: week-end et jours fériés de 11h à 18h
juillet et août: tous les jours de 11h à 18h

46.2 ***Château-Ferme (E7)***, rue du Château Ferme 13, 5522 Falaën - ☎ 082/69 92 52 - ☎ 0479/23 52 71 - www.licrochon.be
Construit sur l'emplacement d'une ferme datant du XIIIe siècle.
Fermé: le lundi.

46.3 ***Les draisines de la Molignée (E6)***, rue de la Gare 82, 5522 Falaën - ☎ 082/69 90 79 - www.draisine.be.
Explorez les Ardennes par rail-bike.
Ouvert: du 01/04 au 31/10 : tous les jours

ONOZ → JEMEPPE-SUR-SAMBRE

OTEPPE → BURDINNE

PESSOUX → CINEY

PETIGNY → COUVIN

POTEAU → SANKT-VITH

47. RAEREN (LIE) - N2

Maison du Tourisme de Cantons de l'Est (N5), place Albert 1e 29a, 4960 Malmedy - ☎ 080.33.02.50 - www.eastbelgium.com

47.1 Château et Musée de la Poterie (N2),
Burgstraße 103, 4730 Raeren - ☎ 087/85 09 03 - www.toepfereimuseum.org

Plus de 1.000 objets sont présentés dans le château qui date du XIVe siècle.
Ouvert:
tous les jours 10h à 17h.
Fermé: le lundi

RENCHEUX → VIELSALM

ROBERTVILLE → WAIMES

48. ROCHEFORT (NAM) - H8

Maison du Tourisme du Val de Lesse Beauraing - Houyet - Rochefort (H8), rue de Behogne 5, 5580 Rochefort- ☎ 084/34 51 72 www.valdelesse.be

Syndicat d'Initiative : rue de Behogne 5 (H8), 5580 Rochefort - ☎ 084/21 25 37 - www.valdelesse.be

48.1 Château féodal et Musées de Lavaux-Sainte-Anne (G8),
Rue du Château 8, 5580 Lavaux-Sainte-Anne - ☎ 084/38 83 62
www.chateau-lavaux.com
Il y a 3 musées à découvrir à Lavaux-Sainte-Anne
- Musée de la Campagne
- La présentation de la vie seigneuriale
- Musée de la Nature

48.2 Ruines du château comtal (H8),
rue Jacquet, 5580 Rochefort - ☎ 084/21 44 09
La ville de Rochefort donne son nom à ce château-fort. Musée archéologique et fouilles.
Ouvert: toute l'année pour les groupes, sur réservation

48.3 ***Archéoparc de Rochefort Malagne La Gallo-Romaine (H8),*** Rue du Coirbois 85, 5580 Rochefort - ☎ 084/22 21 03 - www.malagne.be
Reconstruction d'une des plus grandes villas romaines de la Gaule du Nord
Ouvert: tous les jours de mars à novembre durant les vacances scolaires, week-end jours fériés, de 11h à 18h

48.4 ***Centre du rail et de la Pierre (H8),*** avenue de Ninove 11, 5580 Jemelle - ☎ 084/22 36 01

Histoire des chemins de fer à travers d'objets, photos et reconstructions. Collections importantes des minéraux, des fossiles et des pierres.
Ouvert: d'avril à juin et de septembre à octobre: du mardi au dimanche de 13h à 18h, juillet et août: tous les jours de 10h à 12h et de 13h à18h

48.5 ***Maison de la Vie Paysanne et des Métiers oubliés (H8),***
rue des Grottes 14, 5580 Han-sur-Lesse - ☎ 084/34 59 08 - ☎ 0472/54 89 77 - www.maison-viepaysanne.be
Ici on peut faire connaissance avec une quarantaine de vieux métiers et plus que 2500 articles d'usage courant.

48.6 ***Le domaine des Grottes de Han (H8)***, rue Joseph Lamotte 2, 5580 Han-sur-Lesse - ☎ 084/37 72 13 - www.grotte-de-han.be
Les Grottes de Han-sur-Lesse : ces grottes se visitent en 3 étapes :
accès en tram, un parcours à pied et enfin en barque sur la rivière souterraine

- *La réserve d'animaux sauvages.* Ce domaine s'étend sur 250 hectares et on le visite en "safari-car".
- *Musée du Monde Souterrain.* Ce musée content une presti gieuse collection d'objets archéologiques découverts dans la grotte.

48.7 ***Grotte de Lorette - Rochefort (H8),***
drève de Lorette, 5580 Rochefort - ☎ 084/21 20 80
Cette grotte "sauvage" vient d'être entièrement rénovée : un nouveau pavillon d'accueil avec audio-visuel, un petit musée présentent le travail scientifique réalisé sur les mouvements tectoniques, un circuit de la grotte entièrement sécurisé et mieux présenté. Le nouveau "son et lumière" met en valeur de façon magistrale la plus grande salle de la grotte, le " Sabbat". Nouvelle salle du "cataclysme".
Ouvert: Janvier, février, mars, novembre et décembre: sur réservation pour les groupes. Avril, mai, juin, septembre et octobre: ouvert tous les jours, sauf le mercredi. Juillet et août: ouvert tous les jours.

48.8 ***Train Touristique Routier (H8),***
Info S.I., rue de Behogne 5, 5580 Rochefort - ☎ 084/21 25 37
Ouvert : 01/06 au 30/08 : tous les jours
vacances scolaires
avril, mai, septembre et octobre:
uniquement le week-ends

RODT → SANKT-VITH

SAINTE-MARIE-S-SEMOIS → VIRTON

49. SAINT-HUBERT (LUX) - I9

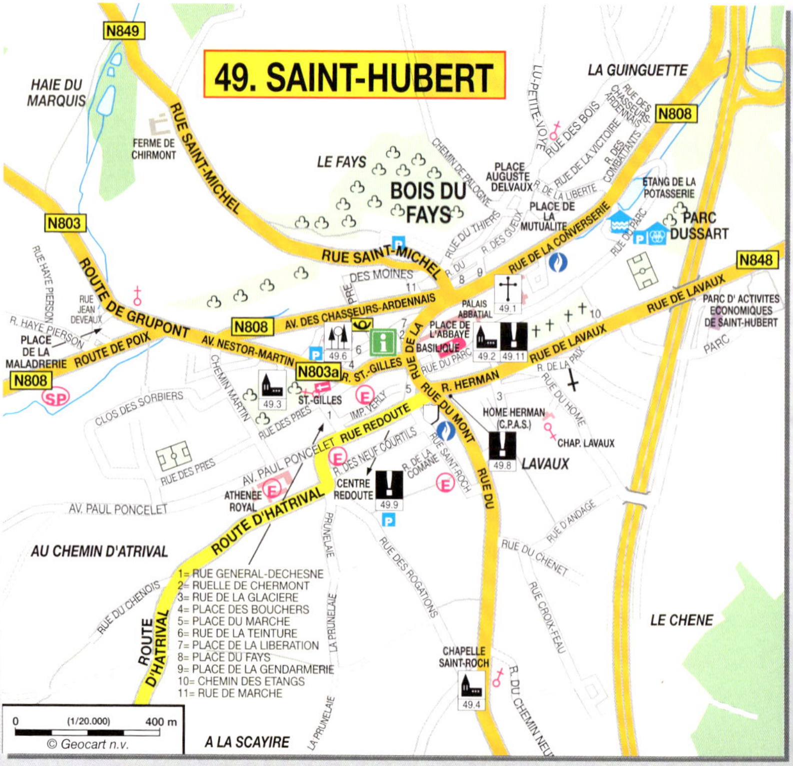

Maison du Tourisme du Pays de Saint-Hubert (Centr.): rue Saint-Gilles 12, 6870 Saint-Hubert - ☎ 061/61 30 10 www.saint-hubert-tourisme.be

49.1 ***Abbaye de Saint-Hubert (Centr.),*** place de l'Abbaye, 6870 Saint-Hubert ☎ 061/61 30 10
L'Ancien quartier abbatial a été construit en 1729. Rénové en 2003. En ce moment on peut y trouver les archives de la ville et les services culturels de la province de Luxembourg. Il est ouvert au public lors d'expositions.
Ouvert: tous les jours 09h à 17h30
Fermé: 1 janvier et 25 décembre

49.2 ***Basilique (Centr.),*** place de l' Abbaye, 6870 Saint-Hubert - ☎ 061/61 23 88 - www.basiliquesainthubert.be
(16ième siècle) chevet en style gothique flamboyant, façade baroque, crypte romane du 11ème siècle.
Ouvert: de Pâques à la Toussaint 09h à 18h
de la Toussaint à Pâques 09hà 17h.

49.3 ***Eglise Saint-Gilles (Centr.),***
rue Saint-Gilles 56, 6870 Saint-Hubert - ☎ 061/61 23 88
L'église date de 1064. En 1949, la vieille église a été entièrement restaurée. Une des plus vieilles églises romanes en Wallonie.

49.4 ***Chapelle Saint-Roch (Centr.),***
rue du Mont, 6870 Saint-Hubert.
(17ième siècle) Le Saint-Roch a été imploré contre la peste.

49.5 ***Fourneau Saint-Michel (I9),***
6870 Saint-Hubert - ☎ 084/21 08 90 www.fourneausaintmichel.be

Domaine de 100 ha à 8 km de Saint-Hubert, comprenant le 1- *Musée du Fer et de la Métallurgie ancienne*: complexe métallurgique du 18ième siècle. Présente le fer et ses techniques jusqu'au 19e siècle.
Le musée du Fer et de la Métallurgie ancienne est actuellement fermé pour cause de travaux de restauration.
2- *Musée P-J. Redouté*
3- *Musée de la vie rurale en Wallonie* : ce musée de plein air est constitué
d'habitations rurales anciennes - 50 transplantations
4- *Auberge du Prévost*
Ouvert: de mars à juin et de septembre à novembre, tous les jours de 9h30 à 17h, sauf le lundi, juillet et août, tous les jours de 9h30 à 17h30

49.6 ***La Roseraie Pierre-Joseph Redoute,***
Avenue des Chasseurs Ardennais, 6870 Saint-Hubert
Réunit près de 100 sortes de roses au coeur de la localité. Hommage à P.J. Redouté.

49.7 ***Parc à gibier (I9),***
rue Saint-Michel 125, 6870 Saint-Hubert - ☎ 061/25 68 17
Cervidés, daims, chevreuils, sangliers, mouflons, différents circuits pédestres.

Ouvert: toute l'année de 10h à 18h, fermé le jeudi sauf pendant les congés et les vacances scolaires, fermé en janvier et févier excepté le week-end

49.8 ***Buste de P.J. Redouté (Centr.),***
place du Marché, 6870 Saint-Hubert
en face de l'Hôtel de Ville, un monument rappelle que le célèbre "Raphaël des fleurs", P.J. Redouté, est né à Saint-Hubert, en 1759.

49.9 ***Centre P.J. Redouté (Centr.),***
rue Redouté 11, 6870 Saint-Hubert
☎ 061/61 31 48 - ☎ 0498/90 28 22 - www.musee-pierre-joseph-redoute.be
Estampes, gravures et lithographies des peintres P.J. et H.J. Redouté - diverses manifestations et expositions.
Ouvert: de septembre à juin, sur rendez-vous, juillet et août, tous les jours de 14h à 18h

49.10 ***Mémorial du Roi Albert (I9)***
(sur la Route de Fourneau Saint-Michel)
Au centre de la clairière des Béôlis, une stèle et une plaque gravée commémorent les passages du Roi Albert dans nos forêts.

49.11 ***Vieille porte de Bastogne (Centr.),***
rue du Parc, 6870 Saint-Hubert
derrière la basilique. Ce porte donnait accès aux bâtiments abbatiaux et servait de tour de guet. Les siècles lui ont donné d'autres affections.

49.12 ***Microcentrale Hydroélectrique (I10),***
Scierie d'en Haut 1, 6870 Poix-Saint-Hubert - ☎ 061/61 31 01
(actuellement fermée) un circuit pédestre permet de découvrir les vestiges industriels, la chute d'eau du grand étang et la centrale en activité.

49.13 ***Aérodrome de Saint-Hubert (I9),***
Centre national de vol à voile, Aérodrome de Saint-Hubert bte 1, 6870 Saint-Hubert - ☎ 061/61 12 68
www.cnvv.be
Stage initiation au vol à voile, baptêmes de l'air.

SALM-CHATEAU → VIELSALM

50. SANKT-VITH (LIE) - O6

Maison du Tourisme des Cantons de l'Est (N5), place Albert 1er 29a, 4960 Malmedy - ☎ 080/33 02 50 - www.eastbelgium.com

Touristinfo (O6), Hauptstraße 43, 4780 Sankt Vith - ☎ 080/28 01 30 - www.st.vith.be

50.1 ***Heimatmuseum (Musée du Folklore) (O6),*** Schwarzer Weg 6, 4780 Sankt-Vith - ☎ 080/22 92 09 - www.zvs.be
Musée d'Histoire et de Folklore régional témoignant de la vie quotidienne dans la région de l'Eifel
Ouvert : lundi - jeudi 13h à 17h.
vendredi 13hà 16h.
samedi 14h à 160h. , dimanche 14h à 17h

50.2 ***Musée de la Bière de Rodt (N6),***
Rodt 89A, 4784 Sankt-Vith - ☎ 080/22 63 01 - www.biermu-

seum.be - 3950 bouteilles de plus de 60 pays.
Ouvert: week-ends, jours fériés et vacances scolaires, de 10h à 18h

50.3 ***Ardennen poteau '44 Museum (N6),***
Poteauerstraße 22, 4780 Sankt-Vith ☎ 080/21 74 25 - www.museum-poteau44.be
Musée sur la Bataille des Ardennes 1944-1945 avec des dioramas en grandeur réelle, vieux véhicules militaires, photos authentiques et terrain historique.
Particularité : tours à travers l'ancien champ de bataille de Poteau avec deux véhicules semi-chenillés originaux.
Ouvert: d'avril à juin et de septembre à octobre, le jeudi, samedi et dimanche de 11h à 17h juillet et août, tous les jours de 11h à 17h, sauf le lundi

50.4 ***Tour Buchel (O6)*** :
4780 Sankt-Vith - ☎ 080/28 01 30
L'offensive des Ardennes détruisit l'entièreté de la ville de Saint Vith. La Tour de 1350 est le seul vestige médiéval. Elle est restaurée en 1961.

SENZEILLES → CERFONTAINE

SORINNES → DINANT

51. SOUMAGNE (LIE) - L3

Maison du Tourisme du Pays de Herve (L2), place de la Gare 1, 4650 Herve ☎ 087/69 31 70 - www.paysdeherve.be

51.1 ***L'eglise Saint-Lambert (L3),*** place Ferrer, 4630 Soumagne ☎ 043/77 12 44
Fondée au XIIIe siècle, l'église fut incendiée en 1694 et reconstruite la même année. Cette édifice classé se caractérise essentiellement par ses plafonds décorés de panneaux peints et armoriés.

51.2 ***Chapelle Notre Dame d'Evegnée (K2),***
rue du Village, 4631 Soumagne
Ce charmant édifice a été reconstruit en 1695. Une nouvelle restauration est intervenue à fin des années 1980. A l'intérieur, on y découvre une Vierge à l'Enfant, statuette en bois datant de l'année 1300.

51.3 ***Musée de la vie populaire (L3),***
rue des Déportés 4, 4630 Soumagne - ☎ 043/77 12 88
Maison ouvrière de la fin du 19e siècle, nombreuses annexes. Habitation: reconstitution de cuisine chambre à coucher, grenier. Annexes : métiers artisanaux, agriculture, enfance, folklore local.

51.4 ***Le Domaine provincial de Wégimont (L3),***
chaussée de Wégimont 76, 4630 Soumagne - ☎ 042/37 24 00 - www.provincedeliege.be/wegimont
Vaste complexe de 22 ha comportant une piscine en plein air, des étangs de pêche, un plan d'eau pour le canotage, un mini-golf, des plaines de jeux, des aires de sports, un arboretum.

SOSOYE → ANHEE

SOY → EREZEE

52. SPA (LIE) - M4

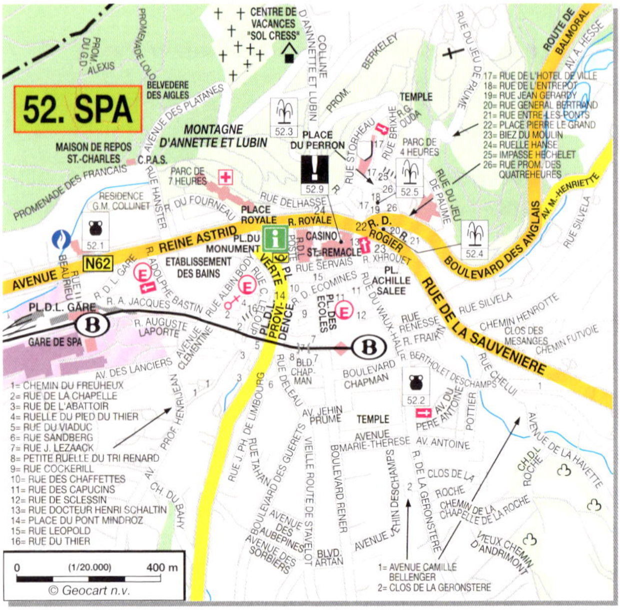

Maison du Tourisme du Pays des Sources (Centr.), rue du Marché 1a, 4900 Spa - ☎ 087/79 53 53 www.pays-des-sources.be

52.1 *Musée de la Ville d'eau et du cheval (Centr.),*

Villa royale Marie-Henriette, avenue Reine Astrid 77b, 4900 Spa - ☎ 087/77 44 86 - www.spavillaroyale.be

Dans l'ancienne résidence de Marie-Henriette, épouse du Roi Léopold II, dessins, gravures, tableaux et autres documents évoquent la vie spadoise et son histoire. Salle permanente des eaux minérales. Dans les écuries de la villa royale, le musée du cheval suggère des modes de déplacement et de loisirs chers à la reine Marie-Henriette.

Ouvert: du 1 mars au 11 novembre : tous les jours de 14h à 18h.

52.2 *Musée de la Lessive et de la vie des Lavandières (Centr.),*

rue Hanster 10, 4900 Spa - ☎ 087/77 14 18 - sites.google.com/site/museedelalessive

Le musée rend hommage aux blanchisseuses et raconte l'évolution des techniques de lessives depuis l'Antiquité.

Ouvert: pour invidiuels : tous les dimanches 14h à 18 h.
vacances de Pâques : tous les jours 14h à 18h.
juillet et août: tous les jours 14h à 18h.
pour groupes: sur rendez-vous. Fermeture exceptionnelle durant les Francofolies de Spa.

52.3 *Thermes (Centr.)*

(établissements des bains) colline d'Annette et Lubin, 4900 Spa - ☎ 087/77 25 60 - www.thermesdespa.com

Ici on peut se ressourcer physiquemet et psychiquement.

Ouvert: tous les jours de 10h à 21h, le vendredi jusque 22h et le dimanche jusque 20h, fermeture annuelle la 2e semaine juin

52.4 ***Pouhon Pierre-le-Grand (Centr.) :***
Une des plus riches et plus gazeuses sources de la ville. Ouvert toute l'année, plus d'info i

52.5 ***Pouhon Prince de Conde (Centr.), rue Jean Gérardy, 4900 Spa***

52.6 ***Centre d'interprétation de la Nature "Pierre Noé" (M4),*** domaine de Bérinzenne, route de la Gleize 4, 4900 Spa - ☎ 087/77 63 00 - www.berinzenne.be
La vie dans le forêt et les Fagnes. Aussi tour panoramique sur les Fagnes.

52.7 ***Barrage et Lac de Warfaaz (M4),*** 4900 Spa - www.lacdewarfaaz.be
Le lac de 8 ha a pris naissance avec la construction d'un barrage.

52.8 ***Aboretum de Tahanfagne (M4),*** Bois de la Picherotte, route des Fontaines, 4900 Spa - ☎ 087/29 90 80
Bien que son état actuel remonte à 1932 les plantations qu'on y observe de nos jours sont le plus souvent postérieures à cette date.
Ouvert:toute l'année

52.9 ***Casino (Centr.),*** rue Royale 4, 4900 Spa - ☎ 087/77 20 52
www.casinodespa.be
Edifié en 1763 le Casino est le plus vieux Casino du monde. Lieu de rencontre des passionnés du jeu, le casino n'en demeure pas moins le pôle de la vie culturelle spadoise. Il sert de cadre à de nombreuses expositions et concerts.

52.10 ***Spa-Monopole (L4),***
rue Auguste Laporte 34, 4900 Spa - ☎ 087/79 41 11 - www.spa.be - Eaux de source et limonades

52.11 ***Les petits trains "Spa promenades" (M4),***
rue Pré Jonas 26, 4900 Spa - ☎ 0499/22 12 27
Ouvert : d'avril à septembre, tous les jours 9.30 - 18h sur réservation, hors saison

SPONTIN → YVOIR

53. STAVELOT (LIE) - M5

Maison du Tourisme du Pays des Sources (Centr. Spa p. 108), rue du Marché 1a, 4900 Spa, ☎ 087/79 53 53
www.pays-des-sources.be

Office du Tourisme de Stavelot (Centr.), accueil : Abbaye de Stavelot, place Saint-Remacle 32, 4970 Stavelot
☎ 080.86.27.06 - www.stavelot.be/tourisme

53.1 ***Le trésor de l'église Saint-Sebastien (Centr.),***
Place Vinâve, 4970 Stavelot
La châsse de St Remacle, magnifique pièce d'orfèvrerie mosane (XIIIe) contenant les reliques du fondateur de l'abbaye de Stavelot, le buste-reliquaire de St Poppon (XVIIe) ainsi que de nombreuses autres orfèvreries.
Visite guidée sur rendez-vous

53.2 ***Le Site de l'Abbaye (Centr.)***, B.P. 52, 4970 Stavelot - ☎ 080/88 08 78 - www.abbayedestavelot.be

* *Musée Guillaume Apollinaire:* la vie et l'ouvrage du poète français
* *Musée du Circuit de Spa-Francorchamps :* dans les caves de l'Abbaye sont présentées des collections privées de voitures et motos de course qui retracent l'histoire du circuit de Francochamps.
* *Musée de la Principauté de Stavelot - Malmedy :* l'histoire passionnant de plus de 1000 ans.

Ouvert:tous les jours 10:00 > 18:00
(sauf le 25/12, 01/01 et le lundi du laetare)

53.3 ***Plopsacoo (M5)*** Coo 4, 4970 Stavelot - ☎ 080/68 42 65
www.plopsa.be/plopsa-coo
Le parc est situé au pied des célèbres cascades de coo et héberge une quinzaine d'attractions : bob luges, oldtimers, parc à gibier, splash, roller coaster, wildmouse, plopsa siège, ...

53.4 ***Cascades de Coo (M5)*** (15 mètres)

53.5 ***Belvédère de Coo (M5)*** (Tour Panoramique)

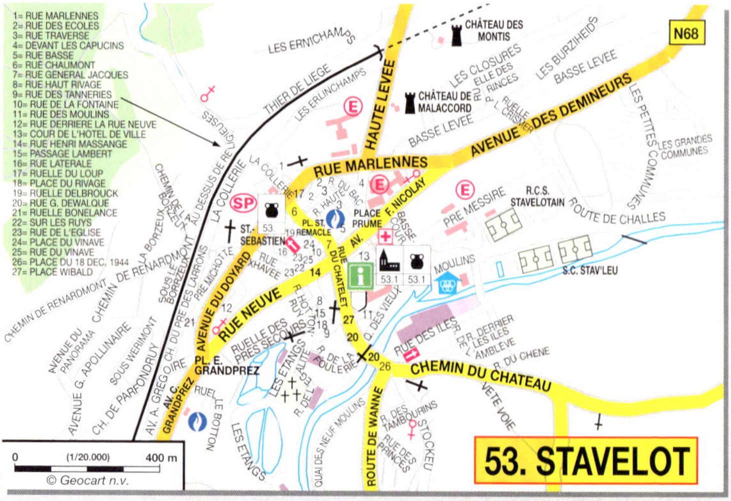

54. THEUX (LIE) - L3

Maison du Tourisme du Pays des Sources (Centr. Spa p. 122), rue du Marché 1a, 4900 Spa, ☎ 087/79 53 53 www.pays-des-sources.be

Maison du Tourisme du Pays de Theux (L3), rue de la Chaussée 12, 4910 Theux, ☎ 087/53 92/45

54.1 ***Château de Franchimont (L4),*** allée du Château 17, 4910 Theux ☎ 087/53 04 89 - www.chateau-franchimont.be
Les vestiges actuels sont les témoins spectaculaires d'un château - fort médiéval adapté au début des temps modernes.
Le château du XIe - XIIe siècle constitue le noyau de la forteresse, entouré d'une grande enceinte d'artillerie du début du XVe siècle. Cet ouvrage est un des rares exemples de la mutation des systèmes de défense à la Renaissance dont les casemates et leurs souterrains d'accès constituent l'attrait majeur de la visite.
Ouvert: du 01/05 à 30/09 : tous les jours 10hà 18h.
avril à octobre: samedi et dimanche 11h à 17h.
congés Pâques et Toussaint :
tous les jours 11h à 17h.
reste de l'année: visites guidées sur rendez-vous

54.2 ***Parc Animalier de "La Reid" Forestia (L4) ,***
rue Fond Marie 563 a 4190 Theux - ☎ 087/54 10 75 - www.forestia.eu
Le Parc Animalier de la Reid répartit ses infrastructures sur 44 hectares de plaines et de forêts, présentant des animaux en semi-liberté dans leur milieu naturel.
Plus de 300 animaux répartis en une trentaine d'espèces sont présentés en groupes hors captivité.
Ouvert: du 15/03 au 15/10 : tous les jours
du 16/10 au 14/03 : tous les jours excepté lundi et mardi, sauf. Congés scolaires

TIHANGE → HUY

TILFF → ESNEUX

TRANSINNE → LIBIN

TREIGNES → VIROINVAL

55. VERVIERS (LUX) - M3

Maison du Tourisme du Pays de Vesdre (Centr.), Rue Jules Cerexhe 86, 4800 Verviers - ☎ 087/30 79 26 www.paysdevesdre.be

55.1 ***Eglise Notre-Dame des Récollets (Centr.),***
place du Martyr 106, 4800 Verviers
(17e siècle) Elle tire son nom de la congrégation des Récollets qui prit naissance en Espagne en 1484.

La première pierre de cette église fut posée le 17 juillet 1646. Achevée en 1650, elle fut consacrée par Monseigneur Stravius. Dès 1664, la façade offrait au-dessus de la porte une niche qui abritait la statue de la Vierge et de l'enfant sculptée au XVIIe siècle. Assombrie par la fumée des cierges, les intempéries et plus encore par un incendie en 1810, elle fut recouverte d'une couche de couleur noire lors de sa restauration. Ce n'est qu'en 1893 que la tour actuelle fut ajoutée. Elle est l'oeuvre de Monsieur Van Assche, un architecte gantois.
Ouvert: tous les jours 08 à 19h.

55.2 ***Eglise Saint-Remacle (Centr.),*** Place Saint-Remacle 1, 4800 Verviers
(19e siècle style néo-classique), cette église inaugurée en 1838 fut édifiée en majeure partie grâce à la générosité de la famille de Biolley. Bâtie par l'architecte verviétois C.M. Vivroux, elle est un vaste édifice à trois nefs, inspiré par les basiliques romaines et frappant par sa sobre et majestueuse ordonnance néo-classique.

Ouvert: juillet et août, le dimanche de 14h a 17h

55.3 ***Ensival Historical Museum (Centr.),*** rue de Saunerie 1 (ancienne gare), 4800 Ensival - ☎ 087/33 93 88
Le "Ensival Historical Museum" est un musée privé destiné à être vu par tous, afin que jamais on n'oublie les souffrances et les vies perdues pour notre liberté.
Ouvert: le dernier dimanche de chaque mois
de 10 à 12 h. et de 14 à 18 h.

55.4 ***La Maison de l'Eau (Centr.),*** rue Jules Cerexhe 86, 4800 Verviers - ☎ 087/30 14 33 - www.aqualaine.be
La scénographie fait appel aux technologies actuelles : sons, lumières, informatique, pour proposer un didactique sur l'importance de l'eau dans l'histoire de Verviers.
Quelques étapes du parcours : les montages audiovisuels sur la Vesdre et le travail de la laine, le passage d'une rivière de lumière, les bornes interactives de la SWDE, le barrage de la Gileppe, une machine à vapeur, une machine produisant l'électricité grâce à l'eau, et un montage audiovisuel réalisé avec une caméra sur mini-hélicoptère au ras de Vesdre, transformant le visiteur en oiseau, avec un petit coup de vent à la clé....
Ouvert: du mardi au dimanche 10h à 17h
Fermé: le 25 décembre et le 1er janvier

55.5 ***Musée d'Archéologie et de Folklore (Centr.),*** rue des Raines 42, 4800 Verviers - ☎ 087/33 16 95
Des intérieurs d'époques différentes sont reconstitués avec un mobilier magnifique. Egalement importante collection de dentelles et petite section archéologie préhistorique et gallo-romaine.
Ouvert: mardi et jeudi 14hà 17h. ,
samedi 09h à 12h.
et dimanche 10h à 13h.

55.6 ***Musée des Beaux-Arts et de la Céramique (Centr.),*** rue Renier 17, 4800 Verviers - ☎ 087/33 16 95
Peinture européenne du XIVe au XIXe siècle, peinture mo-

derne et belge, une des plus belles collections de céramique belge, porcelaine de Chine et de Japon, etc.
Ouvert: lundi, mercredi et samedi 14h à 17h.
dimanche 15h à 18h.

55.7 ***Verviersima centre touristique de la laine et de la mode, (Centr.)***

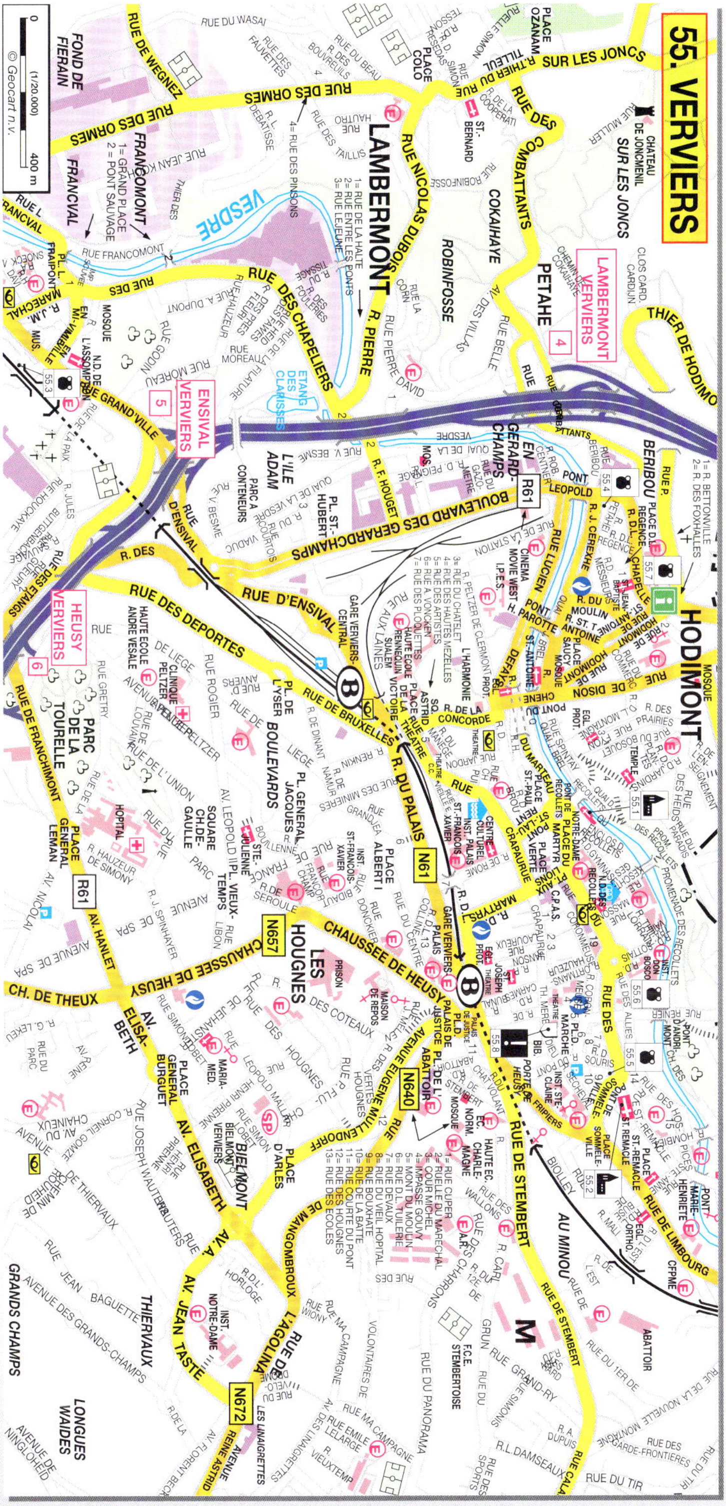

rue de la Chapelle 30, 4800 Verviers - ☎ 087/35 57 03
le centre touristique de la laine et de la mode

55.8 ***Hôtel de Ville avec perron (Centr.)***

56. VIELSALM (LUX) - M6

Maison du Tourisme (M6), avenue de la Salm 50, 6690 Vielsalm - ☎ 080/21 50 52 - www.vielsalm-gouvy.org

56.1 ***Château de Commanster (N7),***
Commanster 15, 6690 Vielsalm - ☎ 080/21 72 90
Le château date de 1741. Monument classé.
Ouvert: samedi et certains jours fériés

56.2 ***Musée du coticule (M7),***
rue du Coticule 12, 6690 Salm-Château - ☎ 080/21 57 68
La fabrication de la pierre à rasoir au départ des filons de coticule uniques au monde
Ouvert: d'avril jusqu'à la Toussaint, du mardi au samedi de 10h à 12h et de 13h à 17h, le dimanche de 14h à 17h30 sur rendez-vous le reste de l'année

56.3 ***Musée de l'Histoire et de la vie Salmienne (M6),***
Tienne Messe 3, 6690 Vielsalm - ☎ 080/21 62 52
Dans cette maison du 18ème siècle on peut se familiariser avec des costumes de la vie quotidienne, la chasse à courre et l'histoire du comté de la Salm.
Ouvert: en juillet et en août : mardi - samedi 10h à 12h et 13h à 17h.
dimanche et jours fériés 14h à 17h.

56.4 ***Maison du pays de Salm (M6),***
Avenue de la Salm 50, 6690 Vielsalm -
☎ 080/21 50 52 - www.vielsalm-gouvy.org
Parcours-découverte de la géologie, de l'histoire et du folklore du pays de salm
Ouvert: tous les jours à partir de 10:30h,
toutes les 20 minutes
(dernière visite à 16:30) Fermé: 25/12 et 01/01

56.5 ***Ferme des autruches (M6),*** rue du Vivier 3, 6690 Vielsalm (Rencheux) - ☎ 080/21 43 13 - www.ferme-autrucherie-salmienne.over-blog.com
Parc animalier avec autruches, boeufs, porcs, chevaux et autres animaux.

56.6 ***Parc à Gibier "Domaine du Monti" (M6),***
Hourt 69, 6690 Vielsalm - ☎ 080/21 76 02
Parc à gibier en semi-liberté
Ouvert: toute l'année 10h à 17h.

56.7 ***Piscine Subtropicale, Sunparks (M6),*** rue de la Grotte 12, 6690 Vielsalm - ☎ 080/21 57 76 - www.sunparks.be
La piscine subtropicale comporte une partie extérieure et une partie couverte : hydrotube, pataugeoire, jetstreams, jacuzzis, toboggan, whirlpool et cascade.
Ouvert: du lundi au vendredi de 9h à 21h
le samedi de 9h à 17h, le dimanche de 10h à 17h

56.8 ***Forêt domaniale "Grand Bois" (MN6)***
La forêt est située le long de la route Neuville-Commanster. Parcourue de sentiers balisés, le promeneur retrouve le nom des différentes espèces d'arbre.

VIEUXVILLE → FERRIERES

VILLERS-DEVANT-ORVAL → FLORENVILLE

57. VIROINVAL (NAM) - C9

Maison du Tourisme des Vallées des Eaux vives (C9), rue de la Falaise 3, 5660 Couvin - ☎ 060/34 01 40 www.valleesdeseauxvives.be

Office du Tourisme de Viroinval (C9), rue d'Avignon 1, 5670 Nismes - ☎ 060/31 16 35 - www.viroinval.be

57.1 ***Eglise Saint-Servais, (C9)*** rue Vieille Eglise 2, 5670 Nismes (Viroinval) - ☎ 060/31 16 35
L'église date de 14ème siècle, reconstruite en 1951.

57.2 ***Musée du Malgré-Tout (D9),*** Archéologie et Pré-histoire, rue de la Gare 28, 5670 Treignes - ☎ 060/39 02 43 - www.museedumalgretout.be
Remontez le temps et visitez les reconstitutions des habitations des chasseurs de la Préhistoire. Il y a aussi une salle permanente d'archéologie régionale.
Ouvert: lundi - vendredi 09:30h à 17:30 h.
week-end et les jours fériés 10:30h à 18:00h.
Fermé: le mercredi (sauf les jours fériés et les vacances scolaires)

57.3 ***Musée du chemin de fer à vapeur (D9),***
rue de la Gare, 5670 Treignes - ☎ 060/39 09 48 - www.cfv3v.in-site-out.com
Avec le train à vapeur à travers le paysage splendide de Mariembourg à Treignes. Exposition permanente : collection matériel ferroviaire; locos à vapeur, diesel et électriques.
Ouvert: de mars à juin et de septembre à novembre:
du mardi au vendredi de 10h à 17h, le samedi et dimanche 10h à 18h
juillet et août: tous les jours 10h à 18h.

57.4 ***Ecomusée de Viroin, (D9)***
Ferme - Château, Rue Eugène Defraire 63, 5670 Treignes - ☎ 060/39 96 24 - www.ecomuseeduviroin.be
L'écomusée présente les métiers traditionnels : sabotier, tonnelier, forgeron.Aussi expositions temporaires.

57.5 ***Espace Arthur Masson (D9),***
rue Eugène Defraire 36, 5670 Treignes - ☎ 060/39 15 00 - www.espacemasson.be
Un peu d'histoire, un peu d'humour, un peu de chaleur de vivre avec comme fil conducteur, l'oeuvre de l'écrivain Arthur Masson.

57.6 ***Le parc Naturel Viroin-Hermeton (C9),***
Rue d'Avignon 1, 5670 Nismes - ☎ 060/39 17 90 - www.pnvh.be
Le parc naturel de Viroin-Hermeton est riche d'une Faune et d'une Flore submediterranéenes étonnantes et diversifiées

57.7 ***Train routier touristique "l'Esperance" (C9),***
Rue Vieille Eglise 1, 5670 Nismes - ☎ 060/31 16 35
Visitez les principales curiosités de Nismes: le château Licot et son parc, "Le Fondry des Chiens", le plateau des Abannets, le "Matricolo"
Ouvert: samedi-dimanche et jours féries, juillet et août: tous les jours.

58. VIRTON (LUX) - J15

Maison du Tourisme du Pays de Gaume (J15),
rue des Grasses Oies 2b, 6760 Virton - ☎ 063/57 89 04
www.soleildegaume.com

58.1 ***Musée Gaumais (J15),*** rue d'Arlon 38-40, 6760 Virton - ☎ 063/57 03 15 - www.museesgaumais.be
Les multiples facettes des ressources artistiques, culturelles et humaines de la Gaume d'hier et d'aujourd'hui : archéologie, peinture et sculpture, croyance populaire et art religieux, vieux métiers, arts industriels, la vie dans le Moyen-Age etc.
Ouvert: 09:30h à 12h. en 14h à 18h.
sauf décembre - avril: sur rendez-vous

58.2 ***Musée Baillet-Latour, Musée de la Guerre en Gaume (K15),***
rue Baillet Latour 24, 6761 Latour
☎ 063/57 01 15 - www.museesgaumais.be
Histoire du Château et des familles seigneuriales à Latour. Histoire militaire locale et régionale.
Ouvert: du Pâques au 1 novembre : dimanche 15:00 à 18:00 h. Juillet - août : tous les jours 14h à 18h.

58.3 ***Dolmen de Gomery (K15)***
à 6 km de Virton

58.4 ***Le repaire des zigomars (J15),*** Vallée de Rabais, 6760 Virtonhalet d'accueil dans les bois de Rabais. Fête des Zigomars le 1er mai.
Ouvert: de mai à fin septembre : tous les dimanches à partir de 10:30h d'octobre à fin avril : tous les dimanches à partir de 17h

58.5 ***Totem canadien (J15)*** à Virton,
se trouve dans le parc communal de Virton, à proximité de l'office de tourisme. Un cadeau de militaires canadiens enchantés de l'hospitalité locale. Un exemplaire probablement unique en Belgique.

59. VRESSE-SUR-SEMOIS (NAM) - F11

Maison du Tourisme de l'Ardenne Namuroise (F11), rue Albert Raty 83, 5550 Vresse-sur-Semois - ☎ 061/29 28 27 www.ardenne-namuroise.be

59.1 ***Complexe Récréatif "Récréalle" (F11-12),***
rue Léon Henrard 16, 5500 Alle-sur-Semois - ☎ 061/50 03 81 - www.recrealle.be
avec des Activités extérieures et intérieures: bowling, mini-golf, tennis, tennis de table, escalade

59.2 ***Ardoisalle 1947 (F12),***
rue de Reposseau 12, 5500 Alle-sur-Semois - ☎ 0497/45 43 74 - www.ardoisalle.jimdo.com
Une visite guidée dans le sous-sol schisteux de la vallée de la Semois.

60. WAIMES (LIE) - N5

Maison du Tourisme des Cantons de l'Est (N5), Place Albert 1e 29a, 4960 Malmedy - ☎ 080/33 02 50 - www.eastbelgium.com

60.1 ***Le château-fort de Reinhardstein (N4),***
chemin du Cheneux 50, 4950 Ovifat - ☎ 080/44 68 68 - www.reinhardstein.net
Ce Château-fort reconstruit par le Professeur Overloop à partir de 1969 et toujours habité fut la demeure des comtes de Metternich pendant trois siècles. Les salles renferment des collections d'armures, de hallebardes, de tapisseries, etc. évoquant l'univers féodal du Moyen-Age.
Ouvert: samedi et dimanche : 11:15h + 14:30 h. ,
jours fériés : 14:30 h.
vacances scolaires : WE + mardi et jeudi 14:30h
groupes et écoles : toute l'année sur réservation

60.2 ***Le Centre Nature de Botrange (N4),***
route de Botrange 131, 4950 Robertville - ☎ 080/44 03 00 - www.centrenaturebotrange.be
Le Centre Nature, maison du Parc naturel des Hautes Fagnes-Eifel, est un point de départ idéal pour des balades dans la grande réserve naturelle des Hautes Fagnes.
Ouvert: tous les jours 10h à 18h.
Férme: le 25 décembre et 1e janvier.

60.3 ***Le lac et le barrage de Robertville (O4),***
4950 Robertville - www.robertville.be
Le barrage sur la Warche a été inauguré en 1928. Le lac ainsi créé couvre un superficie de 63 ha dont la capacité dépasse les 8 millions de m3.

WAULSORT → HASTIERE

WERIS → DURBUY

WEYLER → ARLON

61. YVOIR (NAM) - E6

Maison du Tourisme de Haute-Meuse dinantaise (Centr. Dinant p.56), Avenue Colonel Cadoux 8, 5500 Dinant - ☎ 082/22 28 70 - www.dinant-tourisme.be

61.1 ***Château de Spontin (F6),***
chaussée de Dinant 8, 5530 Spontin - ☎ 0473/80 50 08
Château-fort de Plaine dont le système de défense est encore visible. Jardins, Le Bocq et Cascades.

61.2 ***The Rainforest - Tropical Butterfly Center (E6),***
domaine de Champalle, rue du Clos des Manoyes, 5530 Yvoir - ☎ 082/61 10 84 - ☎ 0485/45 75 24 - www.rainforestyvoir.fr.gd
1350 m2 de serres tropicales avec de papillons, des poissons, quelques reptiles, ...

BULLETINS D'ENNEIGEMENT

Pur pouvez obtenir le bulletin d'enneigement de toutes les pistes:

- ***Centre d'Action Touristique des Provinces Wallonnes,*** rue de l'Église 15, 6980 La Roche-en-Ardenne - ☎ 084/41 19 81 - www.catpw.be
- ***Fédération du Tourisme de la Province du Brabant Wallon,*** avenue Einstein 2, 1300 Wavre - ☎ 010/23 63 31 - www.brabantwallon.be
- ***Fédération du Tourisme de la Province de Liège,*** Place de la République française 1, 4000 Liège - ☎ 042/37 95 26 - www.ftpl.be
- ***Fédération du Tourisme de la Province de Luxembourg,*** Quai de l'Ourthe 9, 6980 La Roche-en-Ardenne - ☎ 084/41 10 11- www.ftlb.be
- ***Féderation du Tourisme de la Province Hainaut,*** rue des Clercs 31, 7000 Mons -- ☎ 065/36 04 64 - www.hainauttourisme.be
- ***Fédération du Tourisme de la Province de Namur,*** avenue Reine Astrid 22, 5000 Namur - ☎ 081/74 99 00 - www.ftpn.be -
- ***Office du Tourisme des Cantons de l'Est,*** Mühlenbachstrasse 2, 4780 Saint-Vith - ☎ 080/22 76 74 - www.eastbelgium.com
- Via le téléphone des neiges au - ☎ 084/41 19 82 ou ☎ 080/22 74 74
- Sur le site de l'IRM - www.meteo.be

PISTES

A1 ***ANLIER*** (LUX) : PISTE «BOIS DE RULLES» - K12

☎ 0478/33 59 78

5 - 7 km

Description: altitude 480 m, local chauffé, sanitaires, parking, location de matériel

Accès: en voiture, prendre l'E411, sortie 28 ou 29, puis la N40 Neufchâteau-Arlon

B1 ***BARAQUE DE FRAITURE*** (LUX) : «A.D.E.P.S.» - L7

☎ 080/41 88 78

350, 700 et 1000 m

4 - 7 - 14 - 21 km

Description: altitude 652 m, moniteur, remonte-pente, local chauffé, sanitaires, boissons chaudes, petite restauration, parking, location de matériel + +

Accès: en voiture, prendre l'E25, sortie 50, direction Baraque de Fraiture-Manhay
en train, descendre à la gare de Vielsalm
en bus, ligne Liège-Athus (arrêt Baraque de Fraiture)

B2 ***BARAQUE DE FRAITURE*** (LUX) : «OUT DOOR SKI RELAIS» - L7

☎ 080/41 84 60

4 - 7 - 14 - 21 km

Description: altitude 650 m, local chauffé, sanitaires, boissons chaudes, petite restauration, parking, location de matériel, moniteur

Accès:	en voiture, prendre l'E25, sortie 50, puis la N30 Liège-Bastogne en train, descendre à la gare de Vielsalm en bus, ligne Liège-Athus

B7 ***BASTOGNE*** (LUX) : «LES FOYANS» - K10

☎ 0473/81 13 58

Description: altitude 550 m, piste de 33 km, location de matériel

B3 ***BERTOGNE*** (LUX) : PISTE «LES MONTAGNAIS» - K9

☎ 061/21 34 06

3 - 5 - 7 - 10 - 12 - 15 km

Description:	altitude 430-475 m, local chauffé, sanitaires, boissons chaudes, parking, location de matériel, petite restauration
Accès:	en voiture, prendre l'E411 puis la N4, sortie Barrière Hinck, suivre ensuite la N826 en direction d'Houffalize-Bertogne autre possibilité: suivre l'E25, sortie 52, puis la N826 direction Mabompré-Bertogne

B4 ***BERTRIX*** (LUX) : PISTE «LES MAUGIRES» - H11

☎ 061/41 43 92 (semaine) - 0498.17.95.47 (week-end)

4 - 6 - 8 - 12 km

Description:	altitude 400 m, local chauffé, sanitaires, parking, location matériel
Accès:	en voiture, direction Bertrix-Herbeumont en train, descendre à la gare de Bertrix (2 km)

B5 ***BÜLLINGEN/HÜNNINGEN*** (LIE) : PISTE «BILDERBERG» - P5

☎ 080/64 74 53

3 - 4,5 - 6 km

Description:	altitude 635 m, local chauffé, sanitaires, petite restauration, parking, location de matériel.
Accès:	en voiture, prendre l'E42/A27, sortie 13 ; suivre ensuite la N659 jusqu'Amel, puis la N525 en train, descendre à la gare de Verviers ou de Trois-Ponts en bus, depuis Verviers ou Trois-Ponts, vers Büllingen et Hünningen

B6 ***BÜTGENBACH*** (LIE) : PISTE « WORRIKEN» - O4-5

☎ 080/44 69 61 - www.worriken.be

2 - 4 - 6 - 8 - 13 km

Description:	altitude 600 m situées à 1 km du centre de Bütgenbach. Local chauffé, sanitaires, boissons chaudes, petite restauration, parking, location de matériel, moniteur
Accès:	en voiture, suivre l'E42, sortie 11 (Malmedy), suivre ensuite la direction de Malmedy-Bütgenbach

C1 ***CHAMPLON*** (LUX) : PISTE DU BAILET - J8

☎ 084/45 54 26

3 - 5 - 7 - 10 km

Description: altitude 475 m, local chauffé, sanitaires, parking, location matériel

Accès: en voiture, suivre l'E411, sortie 18, suivre ensuite la N4 autre possibilité: suivre l'E411, sortie 25, suivre ensuite la N89

C2 ***CHIMAY/RIEZES*** (HAI) : PISTE DE RIEZES - B10

☎ 060/21 33 39 - 060/37 77 25

4 - 8 - 15 km

Description: altitude 345 m, local chauffé, sanitaires, boissons chaudes, petite restauration, parking, location de matériel

Accès: en voiture, direction Charleroi-Chimay ou Couvin-Baileux-Rièzes
en train, descendre à la gare de Couvin
en bus, ligne Couvin-Rièzes

C3 ***CHINY*** (LUX) : PISTE DE CHINY - I13

☎ 061/31 36 12 - 061/31 54 04

4 - 6 - 10 km

Description: altitude 320-450 m, local chauffé, sanitaires, boissons chaudes, petite restauration, parking, location de matériel.

Accès: en voiture, prendre l'E411, sortie 26, la N40 ou la N85 Neufchâteau-Florenville
en train, descendre à la gare de Florenville
en bus, ligne Florenville-Chiny-Pont Saint-Nicolas

C4 ***CHIMAY*** (HAI) : PISTE L'ESCAILLERE - B10

☎ 060/37 77 24

location de matériel

E1 ***ELSENBORN*** (LIE) : PISTE «HERZEBÖSCH» - O4

☎ 080/44 55 00

2 - 5 - 9 - 14 km

Description: Altitude 635 m situées à l'entrée du village près du Camp Militaire. Local chauffé, sanitaires, boissons chaudes, petite restauration, parking, location matériel.

Accès: Auto: E42, N11 Malmedy, puis N632; ou : E42 sortie 5 Verviers, puis N672, N676, N647
Train: gare Verviers-Central
Autobus: ligne 390 Verviers-Elsenborn

E2 ***ELSENBORN/NIDRUM*** (LIE) :
PISTE «NIDRUM ZOSTERBACH» - 04

☎ 080/44 62 32

300 m

Description: située entre le camp d'Elsenborn et Nidrum, orientation nord, altitude 630 m, remonte-pente, local chauffé, sanitaires, boissons chaudes, petite restauration, parking, location de matériel + 150 m

Accès : en voiture, prendre l'E40, Liège-Aix-la-Chapelle, sortie

Eupen-Baraque Michel-Elsenborn
en train, descendre à la gare de Verviers
en bus, ligne 390 Verviers-Elsenborn, arrêt « Café Luxembourg » situé à 200 m de la piste

E3 **EUPEN** (LIE) : PISTE «TERNELL» - O3

☎ 087/55 23 13 - www.ternell.be

4 - 6 - 8 - 11 km

Description: altitude 550-600 m, près de la maison forestière de Neu-Ternell (route Eupen-Montjoie), local chauffé, sanitaires, boissons chaudes, petite restauration, parking, location de matériel.

Accès: en voiture, prendre l'E40, sortie 38, N67 direction Monschau/Montjoie

F1 **FAYMONVILLE** (LIE) : PISTE «PLAINE BLANCHE» - O5

☎ 080/67 84 58

2,5 - 3,2 - 5,3 - 6 km

Description: situées à 1,5 km de l'arrêt de bus de la ligne Malmedy-Bullange, altitude 550 m, local chauffé, sanitaires, boissons chaudes, petite restauration, parking, location de matériel

Accès : en voiture, prendre l'E42, sortie 11, puis suivre la direction de Malmedy-Waimes-Faymonville
en train, descendre à la gare de Verviers
en bus, ligne Verviers-Malmedy-Waimes-Faymonville

F2 **FLORENVILLE** (LUX) : PISTE «FERME DES ROSES» - H-I13

☎ 061/31 12 29

4 à 10 km

Description: altitude 350 à 450 m, local chauffé, sanitaires, boissons chaudes, petite restauration, parking, location de matériel

Accès: en voiture, prendre l'E411, sortie 26, puis N85 direction Florenville
en train, descendre à la gare de Florenville
en bus, ligne Florenville-Virton

F3 **FRANCORCHAMPS/HOCKAI** (LIE) : «HOCKAI HAUTES FAGNES» - N4

☎ 087/27 50 98

3 - 5 - 7 - 10 - 16 km

Description: altitude 550 m, local chauffé, sanitaires, boissons chaudes, petite restauration, parking, location de matériel

Accès: en voiture, prendre l'E42, Verviers-Francorchamps, sortie 10

F4 **FRANCORCHAMPS/HOCKAI** (LIE) : «ETOILE DES NEIGES» - N4

☎ 0495/38 36 13

4 - 7 - 10 - 17 km

Description: altitude 550 m, location de matériel +
Accès: en voiture, prendre l'E42, Verviers-Francorchamps, sortie 10

F5 ***FRANCORCHAMPS/STAVELOT*** (LIE) :
PISTE «LES LINAIGRETTES» - M4
☎ 087/27 58 10
3 - 10 km
Description: altitude 560 m, moniteur, local chauffé, sanitaires, boissons chaudes, petite restauration, parking, location de matériel +
Accès: en voiture, prendre l'E42, sortie 10, direction Hockai-Baraque Michel
en train, descendre à la gare de Spa
en bus, ligne Spa-Trois-Ponts

F6 ***FRANCORCHAMPS/LA GLEIZE*** (LIE) :
PISTE «MONT DES BRUMES» - L5
☎ 080/78 54 13 - www.montdesbrumes.be
850 et 150 m
Description: orientation nord-ouest, altitude 530 m, déclivité 10 à 64%, remonte-pente, moniteur, boissons chaudes, petite restauration, local chauffé, sanitaires, parking, location de matériel + 150 m
Accès: en voiture, prendre l'E42/A27 Verviers-Prüm, sortie 10, suivre Verviers-Spa-Francorchamps

F7 ***FRANCORCHAMPS/STER*** (LIE) :
PISTE «SKI NEIGE CONCEPTION» - M4
☎ 087/27 50 83
600 m
8 - 16 km
Description: orientation nord-ouest, altitude600m, remonte-pente, boissons chaudes,petite restauration, local chauffé, sanitaires, parking, location de matériell + +
Accès: en voiture, prendre l'E42, sortie 10, direction Ster-Francorchamps

F8 ***FRANCORCHAMPS/STAVELOT*** (LIE) :
PISTE «DES THIER» - M4
☎ 087/27 50 98
Description: altitude 540 m , piste de 10 km
location de matériel

G1 ***GEDINNE*** (NAM) : PISTE «CROIX SCAILLE» - F10
☎ 0478/95 53 82
3 - 5 - 8 - 16 km
Description : altitude 505 m, local chauffé, sanitaires, parking, location matériel
Accès: en voiture, prendre l'E411, sortie 22, N47 direction Beauraing-Gedinne
en train, descendre à la gare de Gedinne
en bus, ligne Gedinne-Louette-Saint-Pierre

G2 ⛷ ***GOUVY*** (LUX) : PISTE SKI DE FOND DE GOUVY - M7

☎ 080/51 11 91

⛷ 2 - 4 - 6 - 12 km

Description: altitude 500 m, local chauffé, sanitaires, boissons chaudes, petite restauration, parking, location de matériel

Accès: en voiture, prendre l'E25, sortie 51, suivre ensuite Gouvy ou prendre l'E42, sortie 15, suivre ensuite Gouvy

⛷ ***HAUTES FAGNES*** (LIE) : N4

H1 PISTES BARAQUE MICHEL : Baraque Michel 36, 4845 Jalhay

☎ 080/44 48 01

⛷ altitude 674 m, pistes de 5 - 10 - 25 km

H2 SIGNAL DE BOTRANGE : route de Botrange, 4950 Robertville

☎ 0475/41 59 62 - www.ski-botrange.be

⛷ altitude 694 m, pistes de 4 - 6 - 10 - 15 - 25 km

H3 CENTRE NATURE BOTRANGE : route de Botrange 131, 4950 Robertville

☎ 080/44 03 00 - www.botrange.be

⛷ altitude 680 m

H4 MONT-RIGI : route de Botrange 135, 4950 Robertville

☎ 0492/93 18 96 - www.ski-montrigi.be

⛷ altitude 610 m, pistes de 4 - 6 - 10 - 15 - 25 km

H6 ⛷ ***HAUT-FAYS*** (LUX) : PISTE «LES SCOTTONS» - F10

☎ 084/31 59 92

⛷ 3 - 5 - 8 - 12 km

Description: altitude 440 m, local chauffé, sanitaires, parking, location de matériel

Accès: en voiture, prendre l'E411, sortie 23, N835 Wellin (Bouillon-Wellin)

H7 ⛷ ***HERBEUMONT*** (LUX) : PISTE LE VIADUC-L'ANTROGNE-RADIO ABC H12

☎ 061/41 24 12

⛷ 3 x 7 km

Description: altitude 500 m, sanitaires, parking

Accès: en voiture, prendre l'E411, sortie 25, puis direction Bouillon, Bertrix, Herbeumont

H8 ⛷ ***HOMPRE*** (LUX) : PISTES DE HOMPRE - K10

☎ 061/26 67 77

⛷ 1 - 3 - 5 - 10 km

Description: altitude 460-520 m, local chauffé, sanitaires, parking, location matériel

Accès: *en voiture, N4 (Bastogne-Arlon), sortie Sibret, direction Hompré*

H9 ⛷ ***HOLLANGE*** (LUX) : CHALET DE LA NATIONALE 4 - K11

☎ 061/60 13 36

Description: altitude 475 m , piste de 22 km

location de matériel

L1 ***LIBIN*** (LUX) : PISTE DE LIBIN - H10

061/65 57 73 - 0475/72 43 49

3 - 6 - 8 - 12 km

Description: altitude 460 à 500 m, location de matériel

Accès: en voiture, E411, sortie 24

L2 ***LIEGE/SART-TILMAN*** (LIE) : PISTE DU "SART-TILMAN" - K3

043/66 38 88

Description: altitude : 210 m, pistes de fond non balisées dans le domaine universitaire du Sart-Tilman départ au bâtiment n° 63 (Inst. éduc. phys.) sanitaires, boissons chaudes, petite restauration, parking

Accès : en voiture, direction Liège-Marche
en train, descendre à la gare de Liège Guillemins
en bus, ligne 48 au départ des Guillemins

L3 ***LIERNEUX*** (LIE) : PISTE «LE MONTY» - L6

080/31 90 44 - 080/31 97 85

400, 600 et 800 m, déclivité 15 à 45%

5 - 7,5 - 10 km

Description: orientation nord, altitude 510-550 m, remonte-pente, local chauffé, sanitaires, boissons chaudes, petite restau ration, parking, location de matériel + +

Accès: en voiture, prendre l'E25, sortie 49, N651 direction Trois-Ponts, puis N645 direction vers Lierneux ou sortie 50, N89 direction Vielsalm, puis N645 vers Lierneux
en train, descendre à la gare de Vielsalm
en bus, lignes 42A, 30, 996 ou 65

L4 ***LOSHEIMERGRABEN*** (LIE) : PISTE "FICKERS-SCHRÖDER" - P5

080/54 80 59 - 0475/84 17 24

4 - 15 km

Description: altitude 650 m, local chauffé, sanitaires, boissons chaudes, petite restauration, parking, location de matériel

Accès: en voiture, prendre l'E42/A27, sortie 13, N659 jusqu'Amel, puis N525
en train, descendre à la gare de Verviers ou de Trois-Ponts
en bus, à partir de Verviers ou de Trois-Ponts, direction Büllingen et Hünningen

L5 ***LOUETTE-SAINT-PIERRE*** (NAM) : SKI DE FOND - REFUGE - F10

061/58 86 20

3 - 8 - 12 km

Description: altitude 500 m, local chauffé, sanitaires, boissons chaudes, petite restauration, parking, location de matériel

Accès: en voiture, prendre l'E411, sortie 22, N47 direction Beaurain-Gedinne
en train, descendre à la gare de Gedinne

en bus, ligne Gedinne-Louette-Saint-Pierre

M1 ***MALMEDY/BAUGNEZ*** (LIE) : PISTE «HOUYRES» - N5

☎ 080.33.75.35

2,5 - 5 - 9 km

Description: altitude 540 m, pistes situées à 4 km de Malmedy près de la route Malmedy - Saint-Vith, local chauffé, sanitaires, boissons chaudes, petite restauration, parking, location de matériel + 100 m + 975 m

Accès: en voiture, prendre l'E42, sortie Malmedy
en train, descendre à la gare de Verviers ou de Trois-Ponts (prendre ensuite le bus)
en bus, à partir des gares de Verviers ou de Trois-Ponts

M2 ***MALMEDY/BEVERCE*** (LIE) : PISTE «FERME LIBERT» - N4

☎ 080.33.02.47

1000 m, déclivité 18 à 45 % et 10 à 15 %

Description: orientation sud-sud-ouest, altitude 505 m, remonte-pente, local chauffé, sanitaires, boissons chaudes, petite restauration, parking, location de matériel +

Accès: en voiture, prendre l'E42, sortie 10, direction Bernister
en train, descendre à la gare de Verviers ou de Trois-Ponts
en bus, ligne 395 (Verviers-Malmedy) ou ligne 45 (Trois-Ponts-Malmedy)

M3 ***MALMEDY/MONT*** (LIE) : CENTRE DE SKI DE MONT SPINETTE - N4

☎ 080.33.75.80

5 - 8 km, circuits 15-40 km

Description: altitude 580 m, local chauffé, sanitaires, boissons chaudes, petite restauration, parking, location de matériel, moniteur.

Accès: en voiture, prendre l'E42/A27, sortie 10, N68 Eupen-Malmedy, direction Mont-Xhoffraix
en train, descendre à la gare de Verviers
en bus, ligne Verviers-Malmedy

M4 ***MALMEDY/XHOFFRAIX*** (LIE) : «CRETES DE XHOFFRAIX» - N4

☎ 080.33.70.24

2 - 5,5 - 11,5 - 15 km

Description: altitude 510-570 m, local chauffé, sanitaires, boissons chaudes, petite restauration, parking, location de matériel, douches.

Accès: en voiture, prendre l'E42/A27, sortie 10, direction Mont-Xhoffraix

M5 ***MANDERFELD*** (LIE) : «AN DER LIEBACH» - P6

☎ 080.54.88.35

4 - 7 - 10 km

Description: altitude 560 m, local chauffé, sanitaires, boissons chaudes, petite restauration, parking, location de matériel +

Accès:	en voiture, prendre l'E42, sortie 15, direction Saint-Vith, Schönberg, Manderfeld en train, descendre à la gare de Trois-Ponts, Vielsalm ou Verviers en bus, lignes 45, 401 ou 395 depuis les gares de Trois-Ponts, Vielsalm ou Verviers

M6 MARTELANGE (LUX) : PISTE - L12

☎ 063/60 01 47

5 - 10 - 15 - 20 km

Description:	altitude 495 m, local chauffé, sanitaires, boissons chaudes, petite restauration, parking, location de matériel
Accès:	en voiture, prendre l'E25, sortie 13, N4, sortie Martelange, puis N805 Perlé

M7 MALMEDY (LIE) : «DOMAINE DE CHODES» - N5

☎ 080/33 93 87 - www.dechodes.be

Description:	altitude 460 m , piste : 6 km location de matériel

N1 NEUFCHATEAU (LUX) : PISTES DU LAC - I11

☎ 061/27 89 56 - 061/27 74 54

3 - 5 - 6 - 8 - 11 km

Description:	altitude 480 m, local chauffé, sanitaires, boissons chaudes, petite restauration, parking
Accès:	en voiture, prendre l'E411, sortie 26, 27 ou 28 en train, descendre à la gare de Neufchâteau en bus, descendre à l'arrêt Grand-Place à Neufchâteau

O1 ODEIGNE (LUX) : PISTE DU «BENIKE» - K7

☎ 086/45 56 17 - 086/45 57 57 - www.skiodeigne.be

3 - 5 - 10 - 25 km (liaison avec Samrée)

Description:	altitude 560-600 m, local chauffé, sanitaires, boissons chaudes, petite restauration, parking, location de matériel
Accès:	en voiture, prendre l'E25, sortie 48, 9 ou 50, suivre ensuite la N30 en direction de Manhay, Baraque de Fraiture et La Roche en train, descendre à la gare de Melreux en bus, ligne Liège-Athus ou La Roche-Odeigne

O2 OIGNIES-EN-THIERACHE (NAM) : WANYI PARK - D9

☎ 060/39 03 16

350 m

Description:	piste située sur la plaine de jeux de Oignies, rue de Revin, altitude 360 m, local chauffé, sanitaires, boissons chaudes, petite restauration, parking, location matériel +
Accès:	en voiture, prendre la N5, direction Philippeville en train, ligne Charleroi-Couvin en bus, ligne Couvin-Oignies

O3 ***OVIFAT/ (ROBERTVILLE):*** (LIE) : PISTE ALPIN OVIFAT- O4

☎ 080/44 63 54 - www.skialpin-ovifat.com

2 x 600 m et 400 m, déclivité : 12 à 60 %

Description: commune de Waimes. orientation ouest-nord-ouest, altitude 615 m, remonte-pente, moniteur, local chauffé, sanitaires, boissons chaudes, petite restauration, parking, location de matériel +

Accès: en voiture, prendre l'E40, Eupen, direction Malmedy
en train, descendre à la gare de Verviers
en bus, ligne Verviers-Elsenborn, arrêt Sourbrodt à 600 m des pistes

R1 ***ROCHERATH/KRINKELT*** (LIE) : PISTE «EIFEL SKI ZENTRUM» - P5

☎ 080/64 76 63 - 0477/27 49 77

1,5 - 6 - 8 - 13 km

Description: altitude 650-692 m, local chauffé, sanitaires, boissons chaudes, petite restauration, parking, location de matériel, douches

Accès: en voiture, prendre l'E42, sortie 11, Malmedy, suivre ensuite Bütgenbach, Büllingen, Rocherath
en train, descendre à la gare de Verviers ou d'Eupen
en bus, ligne 390 depuis la gare de Verviers

R2 ***ROCHERATH*** (LIE) : «ZUM KORNHOF» - P4-5

☎ 080/64 79 38

4 - 7 - 14 km

Description: altitude 650-690 m, local chauffé, sanitaires, boissons chaudes, petite restauration, parking, location de matériel.

Accès: en voiture, prendre l'E42, sortie 11, Malmedy, suivre ensuite Bütgenbach, Büllingen, Rocherath
en train, descendre à la gare de Verviers ou d'Eupen
en bus, ligne 390 depuis la gare de Verviers

S1 ***SAINT-HUBERT*** (LUX) : «HURTEBISE» - I9

☎ 061/61 30 10

1 - 4 - 7 - 10 km

Description: altitude 540 m, local chauffé, sanitaires, parking, location matériel +

Accès: en voiture, prendre l'E411, sortie 24 ou 25, ou N4 et N89
en train, descendre à la gare de Poix-Saint-Hubert

S2 ***SAMREE*** (LUX) : «CENTRE DE SKI NORDIQUE» - K7

☎ 084/44 43 18

5 - 10 - 15 - 22 km (liaison avec Odeigne)

Description: altitude 530-600 m, moniteur, local chauffé, sanitaires, boissons chaudes, petite restauration, parking, location de matériel +

Accès: en voiture, prendre l'E25, sortie 50, direction La Roche, ou N4, sortie Hollonge-Marche, direction La Roche et Baraque de Fraiture

S3 **SAINT-VITH/RODT** (LIE) : PISTE «TOMBERG» - N6

☎ 080/22 97 34

5 - 10 - 15 km

Description: altitude 580 m, moniteur, local chauffé, sanitaires, boissons chaudes, petite restauration, parking, location de matériel

Accès: en voiture, direction Vielsalm-Saint-Vith (via la Baraque de Fraiture en cas de bouchons !)

S4 **SENONCHAMPS (Bastogne)** (LUX) : PISTE «FOYANS» - K10

☎ 0473/81 13 58

3,5 - 10 - 15 km

Description: altitude 550 m, local chauffé, sanitaires, boissons chaudes, petite restauration, parking, location de matériel

Accès: en voiture, E25, sortie 54 ou 55 ou N4, direction Senonchamps

S5 **SOURBRODT** (LIE) : «R.F.C. SOURBRODT» - N -O4

☎ 0498/30 20 05

2,5 - 5 - 10 - 20 km

Description: altitude 680 m, local chauffé, sanitaires, boissons chaudes, petite restauration, parking, location de matériel, moniteur.

Accès: en voiture, E42, sortie 11, direction Robertville-Sourbrodt

S6 **SPA** (LIE) : «THIER DES REXHONS» - M4

☎ 087/77 30 28 - 0498/46 24 00 - www.skispa.be

700 m, déclivité 12 à 45 %

3 - 5 - 10 km

Description: 5 km du centre de Spa. orientation nord, altitude 540-575 m, remonte-pente, moniteur, local chauffé, sanitaires, boissons chaudes, petite restauration, parking, location de matériel + +

Accès: en voiture, prendre l'E42, sortie 8, ensuite N62 ; au centre de Spa, suivre les panneaux « pistes de ski »
en train, descendre à la gare de Spa-Géronstère (5 km) ou à la gare de Spa (6 km)
en bus, plus de renseignements à la gare de Spa

S7 **STAVELOT/AMERMONT** (LIE) : PISTE «AMERMONT SKI» - M5

☎ 080/86 25 96

4,5 - 7 - 13 km

Description: Domaine de bois (100 km de pistes), altitude 460- 520 m, local chauffé, sanitaires, boissons chaudes, petite restauration, parking, location de matériel.

Accès: en voiture, prendre l'E42, sortie 11, direction Stavelot, suivre ensuite la N622, direction Francorchamps
en train, descendre à la gare de Trois-Ponts, direction Sta-

velot (bus)
en bus, lignes à partir de la gare de Trois-Ponts ou de Spa

S8 ***SPA*** (LIE) : «LA SOURCE DA LA GERONSTERE» - M4
☎ 080/68 41 78 - 080/68 91 33 - www.adrenaline-events.com
location de matériel

V1 ***VECMONT*** (LUX) : VECMONT SKI- J8
☎ 084/41 18 88
4 - 8 - 10 - 12 km
Description: altitude 400 m, local chauffé, sanitaires, boissons chaudes, petite restauration, parking, location de matériel.
Accès : en voiture, prendre la N28, La Roche-Champlon, à 9 km de La Roche
en train, descendre à la gare de Marloie
en bus, ligne Marloie-La Roche

V2 ***VRESSE/MEMBRE-SUR-SEMOIS*** (NAM) : PISTE «CONRAD» - F11
☎ 061/50 17 87
4 - 8 - 12 km
Description: altitude 380 m, sanitaires, parking, petite restauration, location de matériel
Accès: en voiture, prendre l'E411, sortie Beauraing, direction Gedinne, puis la N935 direction Membre-Charleville

V3 ***VRESSE-SUR-SEMOIS/SUGNY*** (NAM) : SKICENTRUM - F12
☎ 061/50 02 45 - 061/50 17 74
12 km
Description: altitude 360 m , piste : 8 km
location de matériel

W1 ***WEYWERTZ*** (LIE) : PISTE «ZUM HIMMELCHEN» - O5
☎ 080/44 46 22
4 - 6 - 8 - 10 - 16 km
Description: altitude 595 m, local chauffé, sanitaires, boissons chaudes, petite restauration, parking, location de matériel.
Accès: en voiture, prendre l'E40, sortie Verviers ou Eupen, ou l'E42, sortie Francorchamps
en train, descendre à la gare de Verviers ou d'Eupen
en bus, aller jusqu'à Weywertz « Église »

W2 ***WIRTZFELD*** (LIE) : PISTE «ZUM HOLZWARCHETAL» - P5
☎ 080/64 74 59
3 - 4 - 5 - 7 - 11 km
Description: altitude 605 m, moniteur, local chauffé, sanitaires, boissons chaudes, petite restauration, parking, location de matériel, douches
Accès: en voiture, prendre l'E40, sortie Verviers ou Eupen
en train, descendre à la gare de Verviers
en bus, ligne 390 (Verviers-Rocherath)

NAVIGUER EN WALLONIE

CIRCULATION DES EMBARCATIONS SUR LES COURS D'EAU DE LA REGION WALLONNE

1. *Cours d'eau sur lesquels la circulation est autorisée toute l'année*

- *Sous-Bassin-Dyle-Gette:* la Dyle, en aval des anciennes papeteries de Gastuche
- *Sous-bassin de la Lesse:* depuis le lieu-dit «Al Mainprez»
- *Sous-bassin de l'Amblève:* l'Amblève, en aval avec sa confluence avec la Warche, sauf entre le pont de Cheneux et, vers l'amont, la partie la plus proche de l'embarcadère de Sougné-Remouchamps
- *Sous-bassin de la Semois:* la Semois, en aval du rejet de la centrale hydroélectrique du barrage de la Vierre à Chiny
- *Sous-bassin de la Meuse amont et Oise*

2. *Cours d'eau sur lesquels la circulation est autorisée du 1er octobre au 15 mars inclus:*

- *Sous - bassin de la Haine*: la Grande Honnelle
- *Sous - bassin de la Lesse:*
  - la Lesse, en aval de Maissin jusqu'à Chanly
  - la Lesse, entre le barrage de Han-sur-Lesse et, vers l'amont, le pont de Houyet
  - la Lhomme, en aval de Mirwart
- *Sous-bassin de l'Ourthe:*
  - l'Aisne, en aval de sa confluence avec l'Estinée à Fanzel (Erezée)
  - l'Ourthe occidentale, en aval du pont de Prelle
  - l'Ourthe orientale, en aval du pont de la Rue Porte à l'Eau à Houffalize
- *Sous-bassin de la Semois:*
  - la Semois, en aval du pont de la route de Tintigny-Marbehan à Tintigny, jusqu'au rejet de la centrale hydroélectrique du barrage de la Vierre à Chiny
  - la Vierre, en aval de la route de Straimont-Martilly à Martilly, jusqu'au barrage hydroélectrique de Suxy (Chiny)
- *Sous-bassin de la Moselle:*
  - l'Our, en aval de Schönberg
  - la Sûre, en aval de la voie d'accès vers la rivière, vers l'amont du pont de Bodange (Fauvillers)
- *Sous-bassin de la Sambre:*
  - *l'Eau d'Heure:* l'Eau d'Heure, en aval du pont de Berzée (Walcourt)
  - *la Hantes*: la Hantes, en aval du Pont Romain à Montignies-Saint-Christophe
- *Sous-bassin de la Meuse amont et Oise*
  - *la Houille:* de Houille, en aval de Pattiginies
- *Sous-bassin de l'Amblève:*
  - l'Amblève, entre le Pont de Cheneux et le Pont de Lorcé-Naze
- *La Warche: en aval du barrage de Robertville*
- *La Salm: en aval du barrage de Vielsalm*

3. *Attention*

Certaines rivières ne sont accessibles qu'aux membres de la Nederlandstalig Kano Verbond (NKV) et de la Fédération francophone de kayak (FFC). Par ailleurs, la navigation est toujours soumise au niveau des eaux. N'hésitez pas à vous renseigner en cas de doutes: 0800/13 845. Les offices du tourisme et les loueurs de kayaks peuvent également vous renseigner.

LA DESCENTE DE LA LESSE :

Renseignements et réservation de kayaks chez :

- *Les Kayaks* Bleus (F7), place de l'Église 2, 5500 Anseremme
  ☎ 082/22 43 97 - www.dinant-evasion.be
- *Kayaks Ansiaux* (F7), rue du Vélodrome 15, 5500 Houyet
  ☎ 082/21 35 35 - www.ansiaux.be
- *Kayaks Libert* (F7), quai de Meuse 1, 5500 Houyet
  ☎ 082/22 61 86

LA DESCENTE DE L'AMBLEVE :

- *Cookayak* (M5), Petit Coo 4, 4970 Stavelot
  ☎ 080/68 91 33 - www.coo-kayak.be

LA DESCENTE DE LA SEMOIS :

- *Récréalle* (F12), rue Léon Henrard 16, 5550 Alle-sur-Semois
  ☎ 061/50 03 81 - www.recrealle.be
- *Semois-Kayak* (G12)
  ☎ 0475/24 74 23 - www.semois-kayaks.be

LA DESCENTE DE L'OURTHE :

- *Centre de récréation Palogne* (J5), rue de la Bouverie1, 4190 Vieuxville-Ferrières
  ☎ 086/21 20 33 - www.palogne.be
- Kayak Club «*Les Remous*» (J5), route de Xhignesse 35, 4180 Hamoir
  ☎ 086/38 87 65 - www.kayakremous.com
- *Durbuy Adventure* (J6), rue de Rome 1, 6940 Rome (Durbuy),
  ☎ 086/21 28 15 - www.durbuyadventure.be
- *Ardenne Aventures* (J8)**,** Rue de l'Église 35, 6980 La Roche-en-Ardenne
  ☎ 084/41 19 00 - www.ardenne-aventures.be
- *Out door centre* (I4), Au Setier 1, 6660 Nadrin
  ☎ 084/44 41 12 - www.outdoor-centre.be
- *Kayak Michel* (J8), Rue de la Petite Batte 13, 6941 Bomal-sur-Ourthe
  ☎ 086/21 12 37 - 0477/55 17 00 - www.k-m-g.be

KAYAKS A LOUER :

A1 ***4920 Aywaille (L4),*** MAGIC ADVENTURE, rue de Trois Ponts 30, 4920 Aywaille - ☎ 043/84 63 12

B1 ***6880 Bertrix (H12),*** CHALLENGER CONCEPT, rue du Babinay 1B, 6880 Bertix - ☎ 061/41 57 86 - 0488/28 58 20 - www.challenger-concept.com

B11 ***6830 Bouillon (Centr.),*** SEMOIS KAYAKS, ☎ 0475/24 74 23 - www.semois-kayaks.be

B12 ***6830 Bouillon (F12),*** SEMOIS AVENTURE, Carrière du Beaubru, 6830 Bouillon - ☎ 061/46 40 74 - www.semois-aventure.be

B30 ***4790 Burg-Reuland (O7),*** MOULIN DE WEWELER, Weweler 54, 4790 Burg-Reuland - ☎ 080/32 90 75

B40 ***4750 Bütgenbach (O5),*** CENTRE SPORTIF ET TOURISTIQUE WORRIKEN, Worriken 9, 4750 Bütgenbach - ☎ 080/44 69 61 - www.worriken.com

C2 ***6810 Chiny (I13),*** AUBERGE DE L'EMBARCARDÈRE, rue de Cornicelles 1, 6810 Chiny - ☎ 061/31 14 27

C3 ***6810 Chiny (I13),*** LES PASSEURS RÉUNIS, rue de l'Embarcadère 58, 6810 Chiny - ☎ 061/31 17 43

D1 ***5500 Dinant (Centr.),*** LESSE KAYAKS, place Baudouin 1er, 5500 Anseremme (Dinant) - ☎ 082/22 43 97 - www.dinant-evasion.be

D2 5500 ***Dinant (Centr.),*** KAYAKS ANSIAUX, rue du Vélodrome 15, 5500 Houyet - ☎ 082/21 35 35 - www.ansiaux.be

D3 5500 ***Dinant (Centr.),*** KAYAKS LIBERT, quai de Meuse 1, 5500 Houyet ☎ 082/22 61 86

D10 6940 ***Durbuy (I6.),*** DURBUY KAYAKS, rue de Lantigné 1, 6940 Durbuy ☎ 0478/33 91 69 - www.durbuykayaks.be

D11 6940 ***Durbuy (Centr.),*** LA PETITE MERVEILLE, Rue du Comte Theodule d'Ursel 51, 6940 Durbuy - www.lpm.be, ☎ 086/21 16 08

D12 6940 ***Durbuy (J6),*** DURBUY BARVAUX TOURISME, rue Petit Barvaux 3 (sur le pont), 6940 Barvaux (Durbuy) - ☎ 086/21 12 37 - 0477/55 17 00

D13 6940 ***Durbuy (J6),*** DURBUY ADVENTURE, rue de Rome 1, 6940 Rome (Durbuy) - ☎ 086/21 28 15 - www.durbuyadventure.be

F1 4190 ***Ferrières (J5),*** FERME DE PALOGNE, route de Palogne 1, 4190 Vieuxville (Ferrières) - ☎ 086/21 20 33 - www.palogne.be

F2 4190 ***Ferrières (J5),*** FUN ADVENTURE, rue Richard Heintz 14B, 4190 Sy (Ferrières) - ☎ 086/38 74 87 - 0475/46 95 58 - www.fun-adventure.be

F10 6820 ***Florenville (I13),*** X-CAPE, place Albert 1er 16, 6820 Florenville, - ☎ 061/53 14 20 - www.xcape.be

F11 6821 ***Florenville (I13),*** SEMOIS SPORT NATURE, rue de Chiny 22, 6820 Florenville - ☎ 061/31 52 18 - 0475/94 06 22

H1 4180 ***Hamoir (J5),*** KAYAK CLUB «LES REMOUS», route de Xhignesse 35, 4180 Hamoir - ☎ 086/38 87 65 - www.kayakremous.com

H10 6990 ***Hotton (I6),*** HOTTON EVASION, rue du Cossou 10B, 6990 Hotton - ☎ 084/46 68 57

H20 6660 ***Houffalize (L8),*** CAMPING CHASSE ET PÊCHE S.C. , rue de La Roche 63, 6660 Houffalize - ☎ 061/28 83 14 - www.cpbuitensport.com

H21 6660 ***Houffalize (L8),*** MOULIN BOCK, rue de La Roche 51, 6660 Houffalize - ☎ 061/28 86 43 - www.naturaction.com

H22 6663 ***Houffalize (K8),*** LES DEUS OUTES, Engreux 117, 6663 Mabompré ☎ 061/28 87 73 - www.adeps.be/engreux

H23 6660 ***Houffalize (K8),*** OUTDOOR CENTRE SPRL, Au Setier 1, 6660 Nadrin ☎ 084/44 41 12 - www.outdoor-centre.be

J1 4845 ***Jalhay (M4)*** AB BIKE, route de Balmoral 35, 4845 Jalhay, ☎ 087/77 57 77

L1 6980 ***La Roche (J8),*** BRANDSPORT S.A. - AUBERGE «LA LAITERIE», Mierchamps 15, 6980 La Roche-en-Ardenne ☎ 084/41 10 84 - www.brandsport.be,

L2 6980 ***La Roche (Centr.),*** ARDENNE AVENTURES, Rue de l'Église 35, 6980 La Roche-en-Ardenne - ☎ 084/41 19 00 - www.ardenne-aventures.be

L3 6980 ***La Roche (Centr.),*** KAYAK MICHEL, Rue de la Petite Batte 13, 6941 Bomal-sur-Ourthe - ☎ 086/21 12 37 - 0477/55 17 00 - www.k-m-g.be

R1 6987 ***Rendeux (J7),*** WILD TRAILS, Stationsstraat 15 boîte 51, 5800 Courtrai ☎ 056/20 20 39 - 084/36 85 50 - www.wildtrails.be

R2 6987 ***Rendeux (J7),*** B4ACTIF, rue de l'Église 12, 6987 Beffe (Rendeux) ☎ 084/36 87 49 - www.b4actif.eu

- **S1** ***4970 Stavelot (M5),*** COOKAYAK CASCADE DE COO, Petit Coo 4, 4970 Stavelot - ☎ 080/68 91 33 - www.coo-kayak.be
- **S2** ***4970 Stavelot (M5),*** ADRENALINE EVENTS, Petit Coo 4, 4970 Stavelot - ☎ 080/68 91 33 - www.adrenaline-events.com
- **T1** ***6970 Tenneville (J9),*** PONT DE BERGUÈME, Berguème 9, 6970 Tenneville - ☎ 084/45 54 43 - www.pontbergueme.be
- **V1** ***5550 Vresse-sur-Semois (F12),*** RÉCRÉALLE, rue Léon Henrard 16, 5550 Alle-sur-Semois - ☎ 061/50 03 81 - www.recrealle.be
- **V2** ***5550 Vresse-sur-Semois (F12),*** LA VANNE, rue Léon Henrard 10, 5550 Alle-sur-Semois - ☎ 061/50 13 87 - www.kayakslavanne.nl
- **V3** ***5550 Vresse-sur-Semois (E-F11),*** CAP BOHAN, rue du Vieux Moulin 138, 5550 Bohan - ☎ 061/50 05 47 - www.capbohan.be
- **W1** ***4950 Waimes (O4-5),*** LAC DE ROBERTVILLE, route des Bains 63, 4950 Robertville (Waimes) - ☎ 080/44 62 68

GRAND-DUCHE DE LUXEMBOURG

Faire du kayak

Au Grand-Duché de Luxembourg, le canotage ne peut être pratiqué que sur les trajects suivants :

- toute l'année sur la Moselle (tout le cours d'eau de Wasserbillig à Schengen, 37 km), l'Alzette en aval d'Hesperange), la Basse-Sûre (à partir de l'embouchure de l'Alzette à Ettelbrück jusqu'à la confluence de la Sûre avec la Moselle à Wasserbillig; canotage interdit entre le 16 juillet et le 30 septembre) et la zone de protection II du Lac de la Haute-Sûre.
- du 1er octobre au 31 mars sur la Clerve (en aval de Clervaux), la Wiltz (en aval de Wiltz), l'Our (en aval de Dasburg) et la Sûre (de Martelange à la confluence avec l'Alzette à Ettelbrück).

Info

- *Office National du Tourisme,* Boîte postale 1001, L-1010 Luxembourg, ☎ 0352/42 82 82 10 - www.ont.lu
- *Luxemburgse kayak federatie,* 3 route d'Arlon, E-8009 Strassen, ☎ 0352/75 03 79 - www.flck.lu

POUR PLUS D'ADRENALINE

B1 ***6880 Bertrix (H12),*** CapNature, rue du Babinay 1, 6880 Bertrix
www.challenger-concept.com - ☎ 0488/28 58 20
Ouvert aux individuels tous les week-ends, congés scolaires et jours fériés d'avril à septembre. Ouvert aux groupes toute l'année sur réservation. Fermé le 25/12 et le 01/01. Saison hivernale : ouvert sur réservation et suivant la météo pour les activités extérieures.

B2 ***6880 Bertrix (H12),*** PARAPENTE «ARDENNES CLUB ÉCOLE», rue de la Gare 214, 6880 Bertrix - ☎ 061/41 15 76

B10 ***6830 Bouillon (F12),*** SEMOIS AVENTURE, Carrière du Beaubru, 6830 Bouillon - ☎ 061/46 40 74 - www.semois-aventure.be
Uniquement sur réservation.

B20 ***4750 Bütgenbach (O5),*** CENTRE SPORTIF ET TOURISTIQUE WORRIKEN, Worriken 9, 4750 Bütgenbach, ☎ 080/44 69 61, www.worriken.com.
Uniquement pour groupes de minimum 10 personnes. Réserver 4 semaines à l'avance.

D1 ***5500 Dinant (Centr.),*** DINANT AVENTURE,
N 50°14'22.50" - E 4°55'37"
5500 Anseremme (Dinant), ☎ 082/22 43 97,
www.dinant-evasion.be
Le Parc Dinant Aventure est ouvert toute l'année sur réservation.

D2 ***5500 Dinant (Centr.),*** QUAD AVENTURE, rue Cardinal Mercier 16, 5500 Dinant - ☎ 0475/45 53 03 (F) - 0473/27 83 62 (NL)
Uniquement sur réservation.

D10 ***6940 Durbuy (J6),*** DURBUY ADVENTURE, rue de Rome 1, 6940 Rome (Durbuy) - ☎ 086/21 28 15 - www.durbuyadventure.be

D11 ***6940 Durbuy (J6),***
DURBUY DISCOVERY SPRL, Warre 72, 6941 Durbuy,
www.fermededurbuy.com - ☎ 086/21 44 44
Uniquement pour groupes à partir de 4 personnes

E1 ***6997 Erezée (J6-7),*** LE VAL DE L'AISNE, rue du T.T.A., 6997 Blier (Erezée), ☎ 086/47 00 67 - 0477/43 99 31 - www.levaldelaisne.be

F1 ***6820 Florenville (I13),*** X-CAPE, place Albert 1er 16, 6820 Florenville, ☎ 061/53 14 20 - www.xcape.be

Ces activités sont accessibles aux enfants mesurant au minimum 1m40

H11 ***5544 Hastière (E8),*** AGIMONT ADVENTURE, Château d'Agimont, rue du Manoir 1, 5544 Agimont (Hastière) - www.agimont.be
☎ 082/67 80 46 - 0472/69 92 86
Accessible pour groupes à partir de 10 personnes et pour individuel

H10 ***6660 Houffalize (K8),*** OUTDOOR CENTRE SPRL, Au Setier 1, 6660 Nadrin ☎ 084/44 41 12 - www.outdoor-centre.be
Uniquement pour groupes. Réservation obligatoire.

H20 ***6660 Houffalize (L8),*** MOULIN BOCK NATURACTION, Route de La Roche 51, 6660 Houffalize,
☎ 061/28 86 43 - www.naturaction.com

J1 ***4845 Jalhay (M4),*** AB BIKE, route de Balmoral 35, 4845 Jalhay
☎ 087/77 57 77
Uniquement pour groupes

L1 ***6980 La Roche (J8),***
BRANDSPORT S.A. - AUBERGE «LA LAITERIE»,
rue Mierchamps 15, 6980 La Roche-en-Ardenne
www.brandsport.be - ☎ 084/41 10 84
Ces activités sont accessibles aux enfants à partir de 7 ans.

R1 ***6987 Rendeux (J7),***
WILD TRAILS, Stationsstraat 15 boîte 51, 8500 Courtrai
☎ 056/20 20 39 - www.wildtrails.be
Accessible aux groupes et aux individuels.

S1 ***4970 Stavelot (M5),*** Adrenaline Events, Petit Coo 4, 4970 Stavelot
☎ 080/68 91 33 - www.adrenaline-events.com
Spécialiste dans l'organisation d'événements sportifs pour les sociétés et les individuels.

S2 ***4970 Stavelot (M5),*** PARAPENTE CLUB DE COO
Site d'envol : Bois de Lancre, 4970 Coo (Stavelot)
☎ 080/86 21 09

V1 ***4600 Visé (K2),*** PARAPENTE CLUB DE VISÉ, rue des Enclos 14, 4600 Visé - ☎ 043/62 56 35 - 0475/77 46 61 - www.paramoteur-vise.be